《김밥 파는 CEO》 김승호의

자기경영
노트

《김밥 파는 CEO》김승호의

자기경영
노트

김승호 지음

황금사자
GoldenLionBooks

머리말

수년 전 발표한 글 중에 '아들에게 주는 교훈'이라는 제목의 글이 널리 알려지면서 제 글들을 여러 편 모아 책으로 나왔었습니다.

그런데 책 이름을 정하면서 '좋은 아빠'라고 했더니 모두들 아동교육용 책으로 알고 계십니다.

아내 말에 따르면 제가 알려진 것처럼 그리 썩 좋은 아빠도 아니고 저 역시 사실, 아이들보다는 이 세상을 살아가는 아버지들과 청년들에게 삶의 방식을 이야기하고 싶었던 글들이기에 항상 아쉬운 생각을 갖고 있었습니다.

그렇게 몇 년이 지났는데 재치 있는 편집인 한 분이 저의 마음을 알아보고 새 글 몇 편과 함께 전혀 다른 모습으로 책을 만들어주셨습니다. 이제야 마음이 조금 편해졌습니다.

새로 편집된 제 글을 읽다 보니 말썽쟁이 둘째 놈은 건달이 될 줄 알았더니 정치가가 되려는지 법대를 간다고 원서를 들고 다니고, 데니얼은 중년사내가 돼버렸고, 미세스 하우저는 저세상 분이 되었습니다.

그리고 이 책의 주인공인 저는 은퇴도 하기 전에 큰 땅을 사서 정말로 코스모스를 심고 있습니다.

시간이 지났지만 책의 내용을 다시 읽어봐도 더하거나 빼고 싶은 내용이 별로 없으니 스스로가 부끄럽기도 하고 자랑스럽기도 합니다.

읽으시면서 "내 말이 그 말이야."라고 생각하시는 분들은 제 마음과 같을 것이라 생각됩니다.

이 책을 새롭게 만들어준 황금사자 출판사에 특별히 감사드리고, 제 생각과 삶에 좋은 영향을 준 가족과 오래된 친구와 새 친구들에게 이 책을 통해 고마움의 뜻을 전합니다.

2009년 12월

김승호

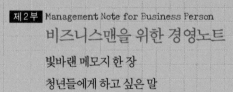

제3부 Management Note for CEO
CEO를 위한 경영노트

제4부 Management Note for Husband
좋은 남편을 위한 경영노트

제5부 Management Note for Your Life
어떻게 살 것인가

•제1부•

아들을 위한 경영노트

Management Note for Children

어느 수요일, 아침저녁으로 지나가는 길에 있던 휴스턴에서 유명한 소매 유통업체가 경영자들의 이권 다툼 끝에 매물로 나왔다는 소식을 들었다. 매장 하나당 시세가 400만 달러나 된다는 그 회사는 내 형편으로 욕심을 부리기에는 터무니없었다. 더군다나 동양인에게는 절대 안 넘기겠다는 이상스런 소문도 들렸다. 주머니를 뒤져보니 68달러(68만 달러가 아니다) 정도가 있었다. 당장 그 회사 사장을 찾아내 약속을 하고 그 업체의 거래 은행을 찾아가 은행장과 부행장을 만나 도와달라 부탁을 했다. 그리고 그 날부터 매일 아침마다 그 회사 주차장에 차를 세워놓고 그 회사를 바라보며 "저건 내 거다. 저건 내 거다."라고 100번씩 외치고 지나갔다. 그로부터 8개월을 쫓아다닌 후, 나는 네 개의 열쇠를 받았다.

개구리 한 마리 키우시죠?

내게는 오래된 그림이 한 장 있다.
누가 어떤 이유로 내게 보내줬는지,
하도 오래 된 일이라 잊어버렸다.

망한 식품점 하나를 자본 한푼 없이 인수해서
온 식구들이 이리저리 뛰어다니던 이민생활 초기였다.

당시에 누군가 팩스로 그림 한 장을 보내줬는데
연필로 스슥스슥 그린 그림이다.
휴스턴에 사는 어떤 미국 친구가 그렸다는 소문도 있고
자기 아는 누가 그렸다 하는 이야기도 들은 듯한데,
보내준 이가 누군지는 기억이 가물가물하다.

하여튼 그날 이후,
황새에게 머리부터 잡혀먹게 된 개구리가

황새의 목을 조르고 있는 이 한 컷짜리
유머러스한 그림은 내 책상 앞에 항상 자리잡고 있다.

그림을 설명하면
잡풀이 깔린 호숫가에서 황새 한 마리가
개구리를 막 잡아내어 입에 덥석 물어넣은 모습이다.
개구리 머리부터 목에 넣고 맛있게 삼키려는 순간,
부리에 걸쳐 있던 개구리가 앞발을 밖으로 뻗어
황새의 목을 조르기 시작했다.
느닷없는 공격에 당황하며 목이 졸리게 된 황새는
목이 막혀 숨을 쉴 수도 없고
개구리를 삼킬 수도 없게 되었다.

나는 지치고 힘든 일이 생길 때마다

제목도 없는 이 그림을 들여다보곤 했다.
이 그림은 내가 사업적인 곤경에 빠졌을 때
그 어떤 누구보다도 실질적인 격려를 주었고
희망을 잃지 않도록 일깨워주었다.
무슨 일이든 끝까지 희망을 버리지 않고
기회를 살피면 헤쳐나갈 수 있다는 용기를
개구리를 보며 얻을 수 있었다.

가족이 운영하던 비즈니스가 차츰차츰 성장을 하면서
가족의 노동력을 바탕으로 돈을 벌던 것을 벗어나보려 했다.
그래서 새 사업을 시작했다가
몇 년 동안의 수고를 다 잃어버리고 난 아침에도,
나는 이 그림을 들여다보고 있었다.

재산보다 많은 빚을 가지고 타국에서
실패를 딛고 다시 성공한다는 것은 쉬운 일이 아니었다.
절망감이 온 몸을 싸고돌았고
나의 실수가 내 부모들의 노후와
자녀들의 장래를 모질게 하게 된다는 생각으로
죄책감과 슬픔이 머리채를 휘어잡게 하던 시절이었다.

어느 수요일,

아침저녁으로 지나가는 길에 있던

휴스턴에서 유명한 소매 유통업체가 경영자들의

이권 다툼 끝에 매물로 나왔다는 소식을 들었다.

매장 하나당 시세가 400만 달러나 된다는 그 회사는

내 형편으로 욕심을 부리기에는 터무니없었다.

더군다나 동양인에게는 절대 안 넘기겠다는

이상스런 소문도 들렸다.

주머니를 뒤져보니 68달러(68만 달러가 아니다) 정도가 있었다.

당장 그 회사 사장을 찾아내 약속을 하고

그 업체의 거래 은행을 찾아가 은행장과 부행장을

만나 도와달라 부탁을 했다.

그리고 그날부터 매일 아침마다

그 회사 주차장에 차를 세워놓고 그 회사를 바라보며

"저건 내 거다. 저건 내 거다."라고 100번씩 외치고 지나갔다.

그로부터 8개월을 쫓아다닌 후,

나는 네 개의 열쇠를 받았다.

죽어가는 회사 살리는 나의 재주를 믿어준 은행과

내 억지에 지쳐버린 사장은 100% 융자로

40년 된 비즈니스를 나에게 넘긴 것이다.

직원들에게 무상으로 이익의 25%를 나누는
프로그램을 통해 동요하는 직원들을 다독이며
비즈니스를 키워나갔다.
매출은 1년 만에 3배가 올랐고
이듬해에는 추가 매장도 열었다.

만약 그때 내가 절망만 하고 있었다면
지금 무엇을 하고 있을까?
내가 그 개구리처럼 황새의 목을 움켜쥐지 않았다면
나는 지금 어떤 모습을 하고 있을까?

우리는 삶을 살아가며
수많은 절망의 상태에 놓이게 된다.
결코 다가서지 못할 것 같은 부부 간의 이질감,
평생을 이렇게 돈에 치여 살아가야 하는 비천함,
실패와 악재만 거듭하는 사업,
원칙과 상식이 보이지 않는 사회정치적 모멸감,
이런 모든 절망 앞에서도
개구리의 몸짓을 생각하길 바란다.

요즘 시대의 우리 인생은 불과 다음 해도 예측이 불가능하다.
나는 과연 내년에도 이 일을 하고 있을까?
나는 과연 내년에도 이곳에 살고 있을까?
나는 과연 내년에도 건강하게 살고 있을까?
격랑의 바다에서 살고 있는 현대인 모두에게
개구리의 용기를 보여주고 싶었다.

나는 이 그림에
"절대 포기하지 마라!"라는 제목을 붙였다.
황새라는 운명에 대항하기에
개구리라는 나 자신이
너무나 나약하고 무력해 보일 때가 있다.
그래도 절대 포기하지 마시라.

당신의 신념이 옳다고 생각한다면
절대로 포기하지 마시라.
운명이라는 투박한 손이
당신의 목덜미를 휘감아 치더라도
절대로 포기하지 마시라.
오늘부터 마음 속에 개구리 한 마리 키우시기 바란다.

약속 시간에 늦는 사람하고는 동업하지 말거라.
시간 약속을 지키지 않는 사람은 모든 약속을 지키지 않는다.

어려서부터 오빠라고 부르는 여자 아이들을 많이 만들어놓아라.
그 중에 하나나 둘은, 말도 붙이기 어려울 만큼
예쁜 아가씨로 자랄 것이다.

목욕할 때는 다리 사이와 겨드랑이를 깨끗이 씻어라.
치질과 냄새로 고생하는 일이 없을 것이다.

식당에 가서 맛있는 식사를 하거든
주방장에게 간단한 메모로 칭찬을 전해라.
주방장은 자기 직업을 행복해 할 것이고
너는 항상 좋은 음식을 먹게 될 것이다.

좋은 글을 만나거든 반드시 추천을 하거라.
너도 행복하고 세상도 행복해진다.

여자 아이들에게 짓궂게 하지 말거라.
어린 여자나 나이 든 여자나 신사를 좋아한단다.

양치질을 거르면 안 된다. 하지만 빡빡 닦지는 말아라.
평생 즐거움의 반은 먹는 것에 있단다.

노래하고 춤추는 것을 부끄러워하지 말거라.
친구가 너를 어려워하지 않을 것이며
아내가 즐거워할 것이다.

하나님을 찾아보아라.
만약, 《시간의 역사》(호킹), 《노자》(김용옥 해설),
《요한복음》을 이해한다면
서른 살이 넘어서면 스스로 서게 될 것이다.

어려운 말을 사용하는 사람과
너무 예의 바른 사람을 집에 초대하지 말거라.
굳이 일부러 피곤함을 만들 필요는 없다.

똥은 아침에 일어나자마자 누거라.
일 주일만 억지로 해보면 평생 뱃속이 편하고
밖에 나가 창피 당하는 일이 없다.

가까운 친구라도 남의 말을 전하는
사람에게는 절대로 속을 보이지 마라.
그 사람이 바로 네 흉을 보고 다닌 사람이다.

나이 들어가는 것도 청춘만큼이나 재미있단다.
그러니 겁먹지 말거라.
사실 청춘은 청춘 그 자체를 빼고는 다 별거 아니란다.

밥을 먹고 난 후에 빈 그릇은 설거지 통에 갖다 넣어주거라.
엄마는 기분이 좋아지고, 여자 친구 엄마는 널 사위로 볼 것이며,
네 아내는 행복해 할 것이다.

양말은 벗으면 반드시 펴서 세탁기에 넣어라.
소파 밑에서 도넛이 된 양말을 흔드는
사나운 아내를 만나지 않게 될 것이다.

네가 지금 내리는 결정이 지금 당장 행복한 것인지

앞으로도 행복할 것인지를 생각해라.
법과 도덕을 지키는 것은 막상 해보면 그게 더 편하단다.

돈을 너무 가까이하지 말거라.
돈에 눈이 멀어진다.
돈을 너무 멀리하지 말거라.
너의 처자식이 다른 이에게 천대받는다.
돈이 모자라면 필요한 것과 원하는 것을 구별해서 사용해라.

너는 항상 내 아내인 엄마를 사랑해라.
그러면 너의 아내가 나의 아내에게 사랑받을 것이다.

심각한 병에 걸린 것 같으면 최소한 세 명의 의사의 진단을 받아라.
생명에 관한 문제에 게으르거나 돈을 절약할 생각은 말아라.

5년 이상 쓸 물건이라면 너의 경제 능력 안에서
가장 좋은 것을 사거라.
결과적으로 그것이 절약하는 거다.

베개와 침대와 이불은 가장 좋은 것을 사거라.
숙면은 숙변과 더불어 건강에 가장 중요한 문제다.

너의 자녀들에게 아버지와 친구가 되거라.
둘 중에 하나를 선택해야 될 것 같으면
아버지를 택하라.
친구는 너 말고도 많겠지만 아버지는
너 하나이기 때문이다.

오줌을 눌 때는 바짝 다가서거라.
남자가 흘리지 말아야 될 것이
눈물만 있는 것은 아니다.

연락이 거의 없던 이가 찾아와 친한 척하면,
돈을 빌리기 위한 것이다.
분명하게 "노."라고 말해라.
돈도 잃고 마음도 상한다.

친구가 돈이 필요하다면 되돌려받지 않아도 될
한도 내에서 모든 것을 다 해줘라.
그러나 먼저 네 형제나 가족에게도 그렇게 해줬나 생각하거라.

네 자녀를 키우면서 효도를 기대하지 말아라.
나도 너를 키우며 너 웃으며 자란 모습으로 벌써 다 받았다.

제 일은, 이와 같으니,
아빠 외에 다른 남자들을
따라가지 말지니라.

제 이는, 너를 위해 아무거나 다운로드하지 말며
공짜로 준다거나 경품을 준다는 데 현혹되지 말지니라.
무릇 아무 게임이나 다운받아 하드디스크를 채워놓지 말며
그것들을 너무 즐기지 말지니, 나 가장인 너의 아빠는,
질투하는 아빠인즉 아빠가 퇴근해도 게임에 몰두하는
녀석의 죄를 갚되 월요일부터 일요일까지 이르게 하거니와,
나를 반겨주고 내 계명을 지키는 놈에게는
영화 구경의 은혜를 베푸느니라.

제 삼은, 너는 너의 아빠가 운전할 때마다
"얼마큼 더 가야 돼?"라고 묻지 말지니라.

목적지 닿을 때까지 1분 간격으로 물어 일컫는 놈을
죄 없다 하지 아니하니라.

제 사는, 채소도 제발 먹을지어다.
밥 먹는 동안은 반찬 가지고 투정 부리지 말지니,
음식은 너의 엄마의 정성이며 자존심인즉,
짜장면 속의 양파나, 밥 속에 콩이나 시금치나
고사리나물이나 콩나물이나 내 밥상 앞의
모든 음식을 가리지 말고 먹을지어다.
이는 또한 엿새 동안 나 아빠가
직장에서 눈치와 코치와 그 밖에 모든 것을 통해서
일해 벌어 만들었음이라.

제 오는, 전화 응답기 갖고 장난하지 말지니라.

제 육은, 비디오 플레이어에 바나나를 넣지 말지며,
그 밖에 리모컨이나 자동차 열쇠를 숨겨놓지 말지니라.

제 칠은, 남의 집에 가서 냉장고 문을 열지 말지니라.

제 팔은, 운동화를 구겨 신고 다니지 말지니라.

제 구는, 아빠 몰래 동생 뒤통수를 때리지 말며
형에게 맞았다고 죽어 넘어가는 소리 하지 말지니라.

제 십은, 아빠 찾는 여자 전화는 엄마에게 바꿔주지 말지니,
별 재미 본 것도 없으면서 눈치 보게 되느니라.
아빠 직장의 여직원이나 전화 외판원이나 여행사 직원이나,
무릇 모든 여자의 전화를 조심할지어다.

아버지란 신비한 존재다.
어머니는 하루 종일 아이를 돌보고 먹이고 재우며 정을 부어도,
아버지란 퇴근해서 뒷머리만 쓰다듬어도
그 사이에 아이의 사랑을 훔쳐가는 재주를 가진 사람이다.

아버지란 신비한 존재다.
마징가보다 힘이 세고 태권브이보다 정의로우며
귀신과 마녀와 악당을 혼내주고 굵은 철사를 휘어 썰매를
만들 줄도 알고 전깃줄을 손으로 만질 줄도 아는 사람이다.

아버지란 신비한 존재다.
껴안아 주거나 키스해 주거나 사랑한다 말하지 않고도
옆에 앉아 있는 것만으로도 아이가 보호받고 있다는 것을
느끼게 하는 묘법을 아는 사람이다.

아버지란 신비한 존재다.

남이라면 평생 잊지 못할 호된 야단을 치고도

두 팔만 벌리면 혼낸 아이를 품으로 끌어들이는

재주가 있는 사람이다.

아버지란 신비한 존재다.

소소한 일에는 답답하리만큼 건성으로 무심하다가도,

하찮은 일에 목숨을 두려워 않고 뛰어들어 그 하찮은 일을

대단한 일로 바꾸어버리는 능력을 지닌 사람이다.

아버지란 신비한 존재다.

어깨에 열두 가지 짐을 지고도 아들 짐을 들어주려 하고,

서른 살 먹은 아들의 무시를 받더라도 흔들리지 않고

"너도 살아보면 알 거다." 하며

20년을 더 기다릴 수 있는 끈기를 지닌 사람이다.

아버지란 신비한 존재다.

사회 개혁에 대한 원대한 포부와 열정은

직장과 현실 생활 속에서 사라져도

자녀들이 밖에서 듣는 칭찬 하나에

옛 꿈을 모두 불러들일 수 있는 사람이다.

아버지란 신비한 존재다.
자신의 아버지에 대한 정을 그리워하듯
아들이 자기를 그리워할 것을 기대하면서도
실상은 나처럼 살지 않았으면 하는 모순을 지닌 사람이다.

아버지란 신비한 존재다.
그의 웃음은 가족 모두에게 전염시키는
이상스런 힘을 갖고 있고,
그의 울음은 세상을 갈라놓거나 가슴을 헤쳐놓을 만큼
큰 힘을 가지고 있는 사람이다.

아버지란 신비한 존재다.
자녀들이 찾아오지 않으면 변화라는 친구를 사귀어놓고
스스로는 변하지 않는 재주를 가지고 있는 사람이다.

친구 딸, 혜지에게 주는 교훈

손재주 있는 사람과 결혼할 때는 최대한 신중해라.
자칫하면 평생 새 물건 가져보기 힘들 것이다.

요리를 잘한다는 남자와 결혼하면
음식 만들 때마다 잔소리 들을 각오를 해야 한다.

남자의 칭찬은 꽃향기처럼 냄새만 맡아라.
꽃이나 칭찬은 삼켜버리면 배탈이 난다.

사랑은 위대하며 영구하다.
최소한 청구서가 밀려오기 전까지는 …….

음식 세 가지는 똑부러지게 배워둬라.
약속하건대 세 가지만 갖고도 평생 먹고산다.

마음은 구부려도 어깨는 꼿꼿이 펴라.
여린 마음과 지조 있는 태도는 여인의 자랑이다.

친한 사이가 되었다고 등짝을 두드리는 남자를 조심해야 한다.
얼굴도 두드릴 수 있는 사람이니
선글라스를 준비해야 할지도 모른다.

눈물이 나올 때는 마스카라 얼룩을 조심해라.
심각한 네 얼굴 앞에서 웃음을 참는
남자를 보게 될지도 모른다.

채소와 과일을 많이 먹어라.
서른이 되어서도 거울 속에 비친
싱싱한 너의 얼굴을 마주하게 될 것이다.

애인의 감시견 노릇은 할망정 투견 노릇은 하지 마라.
개 팔자가 점점 좋아진다고 해도
투견 노릇은 못 할 일이다.

우리 동네에선 더 싸다면서
네 친구가 바가지 쓴 걸 널리 알려라.

잘하면 애인 빼앗아간 여자보다
더 나쁜 사람이라는 칭찬을 받을 수 있다.

혀를 가만히 놔두지 않는 남자와 결혼하지 마라.
시어머니가 자주 찾아와
귀찮게 할 것을 각오해야 할 것이다.

독신으로 산다면
한참 흥이 나는데 집으로 들어갈 이유야 없겠지만,
집에 혼자 있을 때에는 방바닥을 긁는
시간이 많다는 걸 알아야 한다.

기적을 구경하고 싶다면 칭찬을 해라.
잘 사용만 하면 마흔 넘은 남편이
다이아몬드 반지를 사 가지고 오는 경우도 있다.

똑바로 서서 발가락이 보이면 더 먹어도 좋다.
머리를 자르거나 쌍꺼풀 수술을 해도
모르는 게 남자들이다.

자외선 차단제를 발라라.

해 아래 영원한 것은 없다고 성경에도 나와 있다.

머리숱이 많다고 억지로 잡아 빼지 마라.
서른 살에 마흔처럼 보이고 싶지 않다면 …….

애인과 헤어져도 연애 편지는 버리지 말거라.
부부가 10년쯤 같이 살면 함께 읽어보며 즐거워할 수도 있다.
가끔은 50년쯤 함께 살아야
같이 볼 수도 있으니 오래 보관해라.

부모님을 이해하고 편안하게 해드려라.
자식 낳아 키우면 어차피 알게 되겠지만 …….

용기란 밥 먹을 때 오는 전화를
안 받는 것도 포함된다.
난 아직까지, 밥숟가락을 내려놓을 만큼
중요한 전화는 못 받아봤다.

누군가 너의 마음 속에
한 달 이상 머문다면
진정한 사랑이 찾아온 게 확실하다.

아무 말 없이 누군가가 너의 눈을 5초 이상 바라본다면
그 애도 널 사랑하는 거다. 축하한다.

사랑에는 국경이 없다.
하지만 청국장이나 번데기를 먹으려면 용기가 필요하다.

사랑에는 나이도 없다.
하지만 엄마뻘의 인정머리 없는 큰동서를 만날 수도 있고
남편보다 더 철없는 시아주버니를 만날 수도 있다.

"나는 사랑을 갖고 있다." 말하면
너는 행복해질 것이다.

"나는 유머를 알고 있다." 말하면
너는 친구를 얻게 될 것이다.

"나는 돈이 있다." 말하면
더 많은 친구를 얻게 될 것이다.

"나는 꿈이 있다." 말하면
너를 가르친 이들이 기뻐할 것이다.

"나는 순결하다." 말하면
어머니의 사랑을 받을 것이다.

"나는 예의를 안다." 말하면
노인들의 칭찬을 받게 된다.

"나는 개를 좋아한다." 말하면
당연히 아이들도 사랑하리라 믿는다.

그러나 "나는 정직하다." 말하면
너를 의심할 것이요,

"나는 겸손하다." 말하면
그나마 있던 너의 겸손은 모두 사라져 버린다.

백화점 주차장에서는 가장 먼 곳에 주차해라.

차문 긁힐 염려도 없고 운동도 된다.

아직도 입구에 가까운 곳을 찾아 뱅글뱅글 도는

당신 친구보다 먼저 들어가지 않는가.

《성공하는 사람의 시간관리》라는 제목이

들어간 책은 이제 그만 보자.

한꺼번에 두 가지를 할 수 있다는 요령 중에 남은 거라곤,

똥 누면서 신문 보는 것밖에 없다.

식당에 가서 아내와 밥을 먹을 때,

아내가 다 먹기 전에 밖으로 나가버리지 마라.

차 안에 앉아 빵빵거리는 못된 인간도 있더라.

뷔페 식당에 가서는 먹을 만큼만 담아라.

욕심 부리지 말고 먹을 만큼만 담아 와라.

커가는 아이에게 정치나 폭력 또는 성적인 추문을
절대로 보여주지 않으면서 책이나 보게 한다면,
사줄 만한 책이란 지도책과 철도 시간표밖에는 없다.

아내와 나들이 나서는데 화장이 늦어지면
신발이나 닦아주며 기다려라.
평생 못 고칠 버릇, 화를 내도 마찬가지다.

여자들은 열여섯 살에도 스무 살처럼 보이길 바라고
서른이 되어도 스무 살처럼 보이길 원한다.
남자는 열여섯 살에도 스무 살 누나를 좋아하고
서른이 되어도 스무 살 아가씨를 좋아한다.

자신이 아름답다고 생각하는 여자를
말릴 수 있는 사람은 그 여자의 엄마 외에는 없다.

하나님은 아담에게 선악과를 먹지 말라 했다.
아담은 이브에게 먹지 말라 전했다.
이브는 뱀에게 먹지도 만지지도 말라 말했다.
여자는 태초부터 말을 덧붙이는 재주가 있었다.

여자가 남자보다 오래 사는 것은
더 많이 웃고 덜 먹기 때문이다.

미인 중에서도 가장 아름다운 미인은
자신이 미인인지 모르는 미인이다.

세상에서 가장 아름다운 예술품이라도
여인의 나체를 넘어설 수는 없다.

번데기가 나비로 변하는 것보다 아름다운 것이 하나 있으니
소녀가 여자로 변하는 것이다.

어느 때가 죄인가?

아들아! 술을 먹는 것은 죄가 아니다.
취하는 것은 죄다.

오수를 즐기는 것은 죄가 아니다.
매일 오수를 즐기는 것은 죄다.

의를 아는 것은 물론 죄가 아니다.
실천하지 못함은 죄다.

의를 모르는 것은 죄가 아니다.
알려 노력하지 않음은 죄다.

여자를 행복하게 하는 것은 죄가 아니다.
남의 여자를 행복하게 하는 것은 죄다.

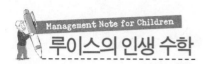
막내 녀석이 요즘 ABCD를 배우는 데 재미를 단단히 붙였다.
녀석은 별로 가르치지 않았는데도 스스로가 답답해서인지
형들에게 물어물어 소문자 abcd마저 싱겁게 외우고 말았다.
이젠 하나, 둘, 셋, 넷을 가르칠 차례다.
그런데 이 녀석의 독학은 거기서 그치고 말았다.

인류가 닭 두 마리의 2와 이틀의 2를
같은 2로 이해하기 위해서는 수천 년이 걸렸다는
버트런드 러셀의 말을 혹시 요 녀석이 알고 있는 것이 아닐까?
아니면 아빠처럼 매를 맞아가면서도 배우지 못했던
수학 거부반응의 유전자가 남아 있는 것일까?

그러나 사실, 수학에 재주가 있거나 없거나
우리의 인생은 끊임없는 수학 속에서 살아간다.
더하기(+) 빼기(-) 곱하기(×) 나누기(÷)라는

네 가지 기본 수학 공식은 인생 속에 숨어서
우리를 행복하게도 하고 불행하게 만들기도 한다.

다음은 수학에 재주가 없었던 사람이
생활 속에서 얻은 수학 이야기다.

아내는 하고 싶은 말을 2로 나누어(÷) 반 정도만 말하고
남편은 해야 할 말에 곱하기(×) 2를 해서 두 배로 말한다.

보통 남자는 하루에 2만 단어를 말하고
여자는 하루에 5만 단어를 말한다고 알려져 있다.
남자가 바깥에서 2만 단어를 다 써버리고 집으로 들어오면
여자는 남편이 퇴근하기 전에 약 3만 단어쯤을 쓰고 나서
2만 단어를 남겨두고 남편을 기다린다.
남편이 집에 들어오면 입을 다물어버리고,
아내는 퇴근한 남편에게 이것저것을
이야기하고 싶어 하는 이유에 대한 자그마한 설명이 된다.
아내는 남편의 어깨에 기대어 할 말을 조금 줄이고,
남편은 아내의 이야기에 맞장구 쳐주는 버릇을 배워야 한다.

인생에 짐이 되는 약속은 빼고(−)

생활에 짐이 되는 소유물도 빼어(−) 내버린다.

차마 면전에서 거절하지 못해서 받아들인 부탁이나 약속은
우리네 기본 삶을 송두리째 흔들 수도 있다.
크게는 빚보증 서는 문제부터 작게는 새로 산 고급 카메라를
빌려주는 것처럼 곤란한 일에 거절하는 방법을 배워야 한다.
분명한 거절은 필요 없는 기대를 하지 않게 함으로써
오히려 상대에게도 도움이 된다.

작년에 사다 놓고 자리만 차지하는 운동기구나
유행이 지나버린 밤색 코트, 장식용으로 사다 놓은
20권짜리 전집도서는 빼어(−)내어 재활용센터에
보내는 것이 현명하다.
한 친구가 용감한 빼기(−)를 실천한 자기 아내의
이야기를 들려주었다.

그의 아내는 이사 오기 전에 손수레 7개 분량의 생활용품을
재활용센터에 기부했다는 것이다.
화가 난 그는 아내에게 살림을 거덜낼 일이 있냐며
뭘 갖다 버렸는지 하나하나 말하라고 윽박질렀다는 것이다.
그러자 그의 아내는 "당신이 알고 있는 것 중에

내가 버렸다고 생각하는 물건이 기억나면 이야기해 보셔."
라고 말했다.
그는 단 한 개도 생각해 낼 수가 없었다.

아내의 다음 말이 걸작이었다.
"당신 기억 속에 없는 물건은 당신도 필요 없는 거지요."

인관관계의 접촉을 늘리고(+)
새로운 것에 대한 욕구를 더하는 데(+) 노력해야 한다.

나이가 들수록 새로 만나는 사람들은
그 동안 살아온 환경과 생활 방식이
서로 다르다는 것을 절감한다.
서로를 이해하고 포용하는 방법을 알지 못하면
공연한 반대자만을 양성하게 된다.
다른 것은 틀린 것이 아니라는 간단한 지혜 정도만
머리 속에 넣어도 우리는 훌륭한 이웃을 많이 만날 수 있다.

그것은 짜기만 했던 내 인생에
농담 잘하는 친구가 들어와 설탕 맛을 내기도 하고,
정의감에 불타는 친구가 들어와 매운맛을 내어주는 것과 같다.

다양한 친구와 다양한 사고와 다양한 경험은 인생의 묘미다.
새로운 학문, 기술, 문화에 대해서도 열린 자세로
내 삶 속에 끊임없이 덧붙여야 한다.

취미와 재산과 시간은 나누어(÷) 가진다.

흔히 결혼을 도박이라 한다.
그런데 여느 도박과 달리 둘 다 몽땅 잃을 수도 있지만
둘 다 왕창 딸 수 있다는 점이 매력이다.
둘 다 왕창 딸 수 있는 비결이란 나누는 것이다.

이웃의 한 사람은 평생 하루도 쉬지 않고 일을 하며
편의점으로는 상상도 못하는 큰 매출을 올리는
상점을 둘이나 운영하다 암에 걸렸다.
수술을 앞두고 불의의 사고 때에는 아내에게 전 재산을
양도하겠다는 서류를 작성하는 것이 좋겠다는
의사의 권유를 듣고, 용감하게도(?) 죽으면 죽었지
그렇게는 못하겠다고 말했다.
그 이야기를 들은 아내는 세상을 헛살았다며
이혼소송과 함께 재산 분할소송을 해서
전 재산의 60%가 아내 몫이라는 결정을 받게 됐다.

아내와 재산을 잃은 남편은 죽음을 앞두고 있고
남편과 과거를 잃은 아내는 불안한 미래를 앞두고 있다.
그가 아내와 함께 취미와 재산과 시간을 나누는 방법을
배웠더라면 좋았을 것이라는 아쉬움이 남는다.

유머는 곱하고(×) 부풀려서 주위에 퍼뜨려라.

위대한 인생을 살다 간 성인들을 보면서 아쉬운 것이 있다.
그들에게는 유머가 별로 없다.
위대한 인생이라는 간디의 생애도 지루하기 그지없다.
글을 통해 만난 간디에게서 인간적인 면을 본 것은
물(水)에 대해 지나치게 만병통치약으로 믿었다는 점뿐이다.
예수님이나 부처님의 인생 역시,
지극히 따분하고 지루한 부분이 많다.
인류 최고의 베스트셀러라는 《성경》도 현재의 출판업자가
처음 원고를 대했다면 첫 몇 장은 흥미가 있었겠지만
곧 읽다가 지루해져서 출판을 거부했을지도 모른다.
우리의 인생이 전 생애를 통해
흥미진진하고 유머로 가득 찰 수는 없다.

그러나 우리가 만나는 운명은

행복과 성공이라는 단어에 대한 해석을 달리하는 순간,
얼마든지 유쾌해질 수 있다.
그래서 사람들은 고난의 역사를 되돌아보면서
"그래도 그때가 좋았지." 하며 추억에 잠기게 되는 것이다.
주간지 뒷면에서 읽어본 농담을 기억했다가
아내나 친구에게 부풀려서 전하는 사람은
의젓하고 진중하다는 소리를 듣는 사람보다
사실은 더욱더 행복한 삶을 사는 것이다.

망신을 당하고도 울분에 쌓여 열을 내는 사람보다는
"그러면서 또 한번 배우는 거지." 하며
툭툭 털고 일어서는 사람이 더 행복한 사람이다.
낙천적이고 긍정적인 삶의 태도는
나 외에 주위의 다른 이도 행복하게 만든다.

내가 아는 행복한 사람, 루이스의 수학세계

나는 행복한 사람 하나를 알고 있다.
루이스는 은퇴한 75세 할아버지다.

루이스를 만나면서 알게 되었다.

그분의 행복은 국가의 이념, 자연법칙에 대한 순응,
종교적 확신 또는 지식인들에게서 발견되는
논리화된 신조에 의한 행복이 아니었다.
그의 행복은 75세임에도 매주 100km가 넘는 거리를
자전거로 달릴 수 있는 육체적 정열,
새로운 친구를 사귀는 탁월한 친화력과 유머,
연령과 인종과 재산의 많고 적음에
연연하지 않는 균형을 갖춘 의식 세계에 있었다.
지금도 나를 만나면 독일 군인처럼 두 발을 붙여
차렷 자세로 인사해서 나를 곤란하게 한다.
내가 인사를 받기 전까지 꼿꼿이 부동자세를 취하고 있어,
주위 사람들에게 둘이 무슨 사이인가
궁금하게 하여 웃음을 터뜨리게 하곤 한다.
그분의 인생은 더할 때 더하고 뺄 때 빼어내고
나눌 때 나누어 가지고 곱할 때 곱하는 삶을 사시는 분이다.

만약 그가 세상을 떠난다면 얼마나 많은 사람들이
서운해 할 것인가를 생각하면 부럽지 않을 수 없다.
위대한 인물 중에는 역사책에 기록되지 않는 사람이
더 많다는 사실이 나를 감동케 한다.

· 제2부 ·

비즈니스맨을 위한 경영노트

Management Note for Business Person

돈과 기회는 노력할수록 늘어나고, 노력하지 않고도 늘어가는 것은 은행 이자와 나이뿐이다. 육감이 온갖 보고서보다 나을 때가 있다. 그때가 언제인가를 아는 것이 경영자다. 성공하는 법을 배우려면 실패하는 법을 배워야 하고 도전하는 용기를 갖추기 위해서는 포기할 시기도 알아야 한다. 눈부시게 성공하면 눈부시게 망하기 마련이다. 성급한 결정인가 신속한 결정인가의 차이를 신속하게 알아내는 것이 사업의 흥망을 좌우한다. 경쟁자를 없애려 하지 마라. 경쟁자는 동반자다. 경쟁자가 없어지면 더 강한 경쟁자가 생길 뿐이다.

돌이켜보면 초등학교와 중학교를 다니는 동안
나라는 존재는 항상, 있어도 그만이고
없어도 그만인 듯한 아이였다.
유난스럽게 말썽을 피워본 적도 없고
공부를 잘한다거나 특별한 재주가 있어
칭찬을 받아본 적도 없다.
학년이 올라갈 때마다 내 이름도 기억 못하던
담임 선생님들의 이름을 나도 잊으며 시간은 흘러갔다.

사실 학교 선생님이란 내겐 어렵기만 하고 괴팍한 어른이었다.
내가 뭘 잘못하기만을 기다렸다가 머리통을 쥐어박거나
몽둥이를 휘둘러대는 사람들이라서
멀리할수록 좋은 사람들이라는 생각이 굳어갔다.
당연히 공부는 관심 밖의 일이었다.

가끔 이모님이 한번씩 놀러 오시면,

맛있는 과자를 사들고 오시는 것이 반가웠지만

돌아가시고 난 후에는,

공부를 잘하던 이종사촌들 자랑에

공연히 화가 나신 어머니에게 등짝을 얻어맞아

입에 물고 있던 과자를 뱉어낼 뿐이었다.

군이 잘하는 것이라고는

미루나무에 참매미가 어디 붙어 있나 찾아내는 것과

외발로 껑충껑충 뛰어다니는 것뿐이었다.

그렇지만 아무도 그 일로 나를 칭찬하는 어른은 없었고

외발로 뛰어다니며 매미 잡는 일이

밥을 벌어먹는 데 도움이 안 되는 것을

알고 계신 부모님은 항상 걱정이 많으셨다.

서울로 전학 오면서는 잡을 매미도 없어졌고

친구들 중에 외발로 뛰어다니는 걸 좋아하는 녀석들도 없었다.

결국 고등학교에 들어와서는 교실 커튼 뒤에 숨어서

한쪽 볼때기를 책상에 대고 햇살에 떨어지는

분필 가루를 쳐다보는 것이 내 일과의 전부였다.

어느 날 책상 위로 뛰어다니며 도시락 반찬을 빼앗아 먹어가며
극성스런 점심 시간을 보내는 학우들을 피해
어디서 굴러다니던 문고판 소설책을 펼쳐놓고 있었다.

"무슨 책이가?"
어쩐지 갑자기 조용해진다 싶었는데,
언제 왔는지 담임 선생님이
내 어깨 너머로 얼굴을 나타내며
경상도 사투리로 물으셨다.

"예? 이광수의 《사랑》인데요."
부리나케 표지를 들춰 제목을 대답했다.

"니 책 좋아하나?"
"예?"
"이따 내 좀 보제이."
"예? 예!"

그것은 그 동안 학교를 다니면서
선생이라는 직업을 가진 사람이
내게 개인적인 관심을 가져준 첫 번째 사건이었다.

학교 교과 공부 이외에도 나를 가르쳐주고
격려하려 했던 정진호 선생님을 만나게 된 것이다.
그날 이후,
단 한번도 누구 앞에 진지한 관심의 대상이
되어보지 못했던 나는,
내 인생에도 희망이 있을 수 있고
무언가 할 수 있는 일이 있다는
스스로의 꿈을 지니기 시작했다.

어느 날 선생님은 내가 읽을 만하고, 읽었으면 하는 책들을 메모지
에 적어주셨다.
《무기여 잘 있거라》, 《인형의 집》, 《이방인》, 《금강경》, 《사회계약
론》, 《우파니샤드》 등등의 121권이나 되는 책 목록에는 고등학교 1
학년 학생이 읽기엔 부담스러운 책들도 포함되었지만, 나는 밑줄까
지 그어가며 이해하거나 말거나 하나하나 읽어갔고 적어주신 책들
을 반쯤 읽었을 무렵엔 나 나름대로 보고 싶은 책들이 생기기 시작
했다.
덕분에 지금까지도 다독의 버릇이 남아 자동차 할부금 내듯이 매달
책값에 돈을 쓴다.
책 제목이 적힌 메모지는 오랫동안 주머니에 넣고 다녀서, 접힌 자
리에 구멍이 뚫리고 색은 바랬지만 오늘까지도 곱게 간직하고 있다.

그때 그분이 무슨 책을 읽고 있는지 묻지 않았다면, 내 인생이 어떤 모습으로 달라졌을까 생각해 본다.

물론 책 몇 권 더 읽었다고 해서 더 고결한 품성을 지녔다거나 더 행복한 삶을 산다거나 사회적 지위를 보장해 준다는 근거는 없다.

과학의 발달이 수세기에 걸친 과학자의 업적이 쌓인 결과가 아니라 과학혁명의 결과라는 사실을 토머스 쿤의 《과학혁명의 구조》라는 책을 통해 읽었다 해서, 그것이 TV 리모컨의 사용 능력을 향상시키는 데 도움을 준 일도 없다.

두 물체 사이의 거리의 제곱에 반비례하는 힘으로 다른 물체를 끌어당긴다는 뉴턴의 중력 법칙을 알았다고 해도 넘어지면 팔꿈치가 까지기는 마찬가지다.

또한 하이데거가 서구의 형이상학적 전통을 현상학적으로 접근함으로써 실존주의 철학의 물꼬를 낸 일을 알아들었다 해서 그것이 오늘 하루 매출을 올리는 데 도움이 되지도 않았다.

열 번도 더 읽은 쇼펜하우어의 《행복론》은 막내아들 녀석이 느닷없이 등 뒤로 와서 뽀뽀를 하자고 할 때 느끼는 행복만큼 나를 기쁘게 해주지도 않았다.

하지만 지금도 적잖은 돈을 책값으로 날리는 이유는 박경리의 《토지》를 읽으면서 엉뚱하게도 여성작가를 도외시한 옛날을 반성하며 부끄러움을 배웠고, 조영남의 책을 읽으며 뻔뻔한 솔직함이 부러웠고, 마빈 해리스의 《작은 인간》을 읽으며 편견을 거두는 방법에 더욱 진지할 수 있었다는 매력을 터득했기 때문이다.

무엇보다도 고마운 것은 나이 들어 늙어가더라도 책 읽는 버릇을 갖고 있는 동안에는 경로당 구석에서 햇볕을 쬐고 앉아 있더라도 무료한 하루를 보내지 않아도 될 수 있다는 자신감이 있어서인지 늙는 일도 두려움 없이 기다려진다.

한 젊은 선생님의 칭찬과 관심은 언제나 있으나 없으나 마찬가지인 것 같은 삶을 살아갔을 것이 뻔한 나에게, 나 스스로 사고하고 지식을 얻어가는 과정의 재미를 평생 느끼게 해준 것이다.

오랜만에 그 옛날 빛바랜 메모지를 들춰보니 아직도 읽지 못한 책 몇 권이 눈에 띈다. 이번 달은 아무래도 책값이 더 들어갈 것 같다.

앞으로 최소한 40년 안에는 지구의 종말은 없다.
미국에서 제일 큰 보험회사가 생명보험금을 받아가고 나서
비겁하게 알려준 힌트다.

빨간 신호등이 파란 신호등보다 길게 느껴지고
유독 내가 기다리는 버스만 늦게 온다고 생각 되면
당신은 편견을 가진 사람이다.
상대성원리를 공부하라고 권한다.

명성과 권위를 갖고 있는 사람들 중에
형편 없는 사람이 많다.
때때로 명성이라는 것은 비열하고 무정한 인간에게도 주어진다.
세상에 널리 알려진 것 중에 항상 좋은 것이란
어머니밖에 없다.
누군가가 훌륭하다는 것은 품성에 관한 문제이지

소유에 관한 문제가 아니다.

무제한 사용할 수 있고 국제전화까지도 공짜라고 자랑하는
전화 플랜을 갖고 있는 친구를 부러워하지 마라.
당신도 하나님과 무제한 대화할 수 있고
국제전화 요금을 낼 필요도 없다.

법정이란, 정의라는 선수와 자비라는 선수가
싸우는 경기장이다.
더러는 공평 씨보다는 무능 씨와 편견 씨가
심판이 되기도 한다.

말을 분명히 하자면,
돈을 빌려달라고 할 수는 있지만
내 돈을 빌려줄 수 없는 사람은
'아는 사람'이라 부르고
내 돈을 빌려줘도 받지 못하는 사람은
'친구'라고 부른다.
당신은 나에게 '친구'인가 '아는 사람'인가.

성인으로 불리는 사람 중에 참 성인은

한번도 자신이 성인이라 불리길
원하지 않았던 사람을 뜻한다.

말은 넘쳐흐르지만 행동이 없다는 것을 현실감 있게 보려면
인터넷 신문 게시판을 보면 된다.

다른 사람의 단점을 찾다 보면
내 단점이 드러나고
다른 사람의 장점을 찾다 보면
내 장점도 늘어난다.

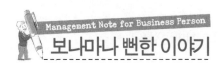

"너한테 해줄 말이 있다."라고 시작되는 말은
들어보면 기분 좋은 말은 아니다.

"꼭 돈 때문에 드리는 말씀은 아닙니다."라고 시작되는 말은
들어보면 돈 때문에 하는 말이다.

"이런 말씀 드린다고 기분 나쁘게 생각하지 마십시오."라고
시작되는 말은 듣고 보면 기분 나쁘다.

"이건 저만 알고 있는 비밀인데요."라는 말은
흥미는 있는 말이라도 더 이상 비밀은 아니다.

"인간적으로 한 번만." 하며 시작하는 말은
듣고 보면 뭐가 인간적이라는 것인지 이해가 안 된다.

"이번 한 번만 도와주시면 ……." 하고 꺼내는 말은
이번 한 번만으로 끝나지 않는다.

"결론적으로 ……." 하며 끝나는 말은
무엇에 대한 결론인지 항상 불분명하다.

"존경하는 ……."이라는 형용사로 시작되는 대상은
사실 결코 존경받는 일이 없다.

"우리 형편에 그런 건 안 된다."라는 말을
듣지 못하고 자란 아이는
우리 형편에 그러면 안 되는 일만 하게 된다.

책에 관한 몇 가지 진실

지금까지 읽지 않은 책은
앞으로도 읽지 않을 확률이 높다.

고전이란, 제목은 알아도 아직 읽지는 않았거나
읽은 척해야 하는 책이다.

명작 전집은 유식을 돋보이려는 사람이
무식함을 감추기 위해 책장을 채우는 장식품이다.

빌려준 책이 돌아올 확률은 복권에 당첨될 확률과 동일하다.

무엇을 선물해야 할지 모르는 사람에게 줄
가장 좋은 선물은 언제나 책.

친구 집에서 훔쳐온 책은 다른 친구가 훔쳐간다.

사업에 대한 소견

모험이 없이는 성공도 없다.
그러나 때로는 그 모험이 가족 전체를
나락으로 몰고 갈 수 있음을 알아야 한다.

수입은 창가로 슬며시 들어오지만,
지출은 문을 박차고 나간다.

돈 많은 미국인들은 100만 달러를 들여
무중력 상태에서 사용할 수 있는
우주인용 볼펜을 만들었지만,
러시아인들은 필기구가 필요하면
10센트짜리 연필을 들고 우주 비행선에 오른다.
돈이 있다고 사업이 더욱 효과적인 것만은 아니다.
돈이 없으면 없던 아이디어도 튀어나온다.

사업은 등산과 다르다.
정상에 가본 적도 없으면서
내리막길로 곤두박질치기도 한다.

어제 100만 달러를 벌고
오늘 100만 달러를 잃었으면
우리는 결국 100만 달러를 손해 봤다고 말한다.

돈과 기회는 노력할수록 늘어나고,
노력하지 않고도 늘어가는 것은 은행 이자와 나이뿐이다.

육감이 온갖 보고서보다 나을 때가 있다.
그때가 언제인가를 아는 것이 경영자다.

성공하는 법을 배우려면
실패하는 법을 배워야 하고
도전하는 용기를 갖추기 위해서는
포기할 시기도 알아야 한다.

눈부시게 성공하면
눈부시게 망하기 마련이다.

성급한 결정인가 신속한 결정인가의 차이를
신속하게 알아내는 것이 사업의 흥망을 좌우한다.

경쟁자를 없애려 하지 마라.
경쟁자는 동반자다.
경쟁자가 없어지면 더 강한 경쟁자가 생길 뿐이다.

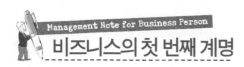
"내일 공항에 3시에 도착하니 그때 연락 드리죠."라고 말한 친구가 오후 늦도록 전화가 없다.

이튿날 저녁 6시에 나타나 비행기가 연착됐다며 양해를 구할 때까지만 하더라도, '일이 그렇게 됐으면 미리 전화라도 줄 것이지.' 생각하면서도 외국에서 찾아온 사람을 차마 박대할 수 없어 거래를 시작했다.

이 친구가 번번이 사소한 약속조차 지키지 않는 사람이라는 것을 알게 됐을 무렵에는 이미 상당한 손실을 보고 있었다.

호기 있게 시작한 비즈니스는 4개월도 못 돼 문을 닫아버렸다.
사소한 약속이란 바로 "이메일로 보내드리죠."부터 "내일 저녁이나 같이 하죠." 아니면 "빌려주신 책은 다음 주에 갖다 드릴게요."와 같이 지나가는 듯한 약속을 말한다.

흔히 상대방이 '다른 중요한 일 때문에 잊어버렸나 보다.' 하면서 이해하겠지 하는 마음에 가볍게 넘기지만 그런 태도는 중요한 약속 앞에서도 나타나게 되어 있다.

나는 직원을 채용하기 위해 인터뷰를 할 때 그가 인터뷰 시간에 정확히 도착했는가에 가장 후한 점수를 준다.

그리고 인터뷰 장을 향해 들어설 때면 주차장에서 걸어오는 모습도 자세히 살펴본다. 그의 걸음걸이가 너무 빠르면 조급하고 일에 금방 싫증을 내며 오래 있을 사람이 아니고, 그의 걸음걸이가 너무 느리면 게으르거나 남을 관리하기엔 부족하다고 생각한다. 반면에 걸음걸이가 빨랐다 느렸다 하는 사람은 무언가에 불안하고 고집이 있는 사람으로 판단한다.

새 사업을 인수하고 모든 관리를 맡을 부사장을 인터뷰하기로 6시에 약속했는데, 꼭 필요한 사람이라서 나의 약속 시간에 대한 신념과 상관없이 채용을 할지, 아니면 신념에 따라 시간을 지키지 않으면 돌려보내야 할지 조마조마하면서 기다린 적이 있다.

밀러 씨는 정확히 제시간에 도착했고 창문에 기대 지켜본 걸음걸이도 적당하고 보기 좋아 그가 문 앞에 들어설 때쯤, 난 이미 그에게 지불해야 할 임금을 계산하고 있었다.

내 예상대로 밀러는 나와 함께 일하는 동안 60대 나이에도 불구하고 지각이나 결근 한 번 없이 성실하게 나의 부족한 자리를 채워주었다.

회사는 2년 만에 매출이 세 배로 늘었고 두 개의 자회사를 새로 만들고 추가 매장을 열었다.

우리는 정말 즐겁게 일했다.
30대의 동양 청년과 60대의 백인 할아버지의 블루스가 시작된 것이었다.

시간 약속을 지키는 것은 비즈니스 세계에서 첫 번째 계명이다.

성공의 기준

아래의 12개 항목 중 8개 이상을 이루었다면 당신은 성공적인 삶을 살고 있는 것이다.

❶ 내가 원하는 책 정도는 용돈에 구애받지 않고 얼마든지 살 수 있다. (경제력)

❷ 집안 식구들이 들어오거나 나갈 때 다른 식구들이 인사를 한다. (가족애)

❸ 주말 오후를 같이 보낼 친구가 두 명 이상은 된다.(우정)

❹ 거울로 들여다보는 내 얼굴이 가끔 잘생겨 보인다.(자신감)

❺ '나는 누구인가?' 궁금할 때가 있다.(신앙)

❻ 1년에 한두 개는 마음에 꼭 드는 새 유행가가 있다.(유행 감각)

❼ 내가 늦게 들어오면 걱정해 줄 아내나 남편이 있다.(부부애)

❽ 아랫배가 나오지 않았고 15분 이상 달리기를 할 수 있다.(건강)

❾ 즐겁고 기꺼이 무보수로 일하는 데가 있다.(봉사)

❿ 1년에 1주일 이상은 휴가를 보낼 수 있다.(삶의 여유)

⓫ 상대방에게 들킬 염려가 없음에도 그의 험담을 하지 않는다.(예의)

⓬ 뒷사람을 위해 문 손잡이를 붙들어준다.(관용)

거절할 권리

세상을 살아가려면 '사랑한다' 라는 말만큼이나 중요한 말이 하나
더 있다.

"미안하지만, 안 되겠습니다."라는 말이다.

모든 사람에겐 자유의지가 있어, 하고 싶지 않은 일을 거절할 권리가
있다. 우리의 재산과 시간과 명성을 보호하기 위해 부당한 요구에 대
해서는 단호히 거절해야 한다. 거절한다는 것은 당신을 무례한 사람
으로 보이게 할 수 있다. 그러나 불분명한 태도로 인한 결과는 모든
피해를 뒤집어쓰는 것은 물론이요, 무능하다는 소리를 듣게 되며, 결
과적으로 가족 전체가 그 피해를 고스란히 떠안게 되는 데 있다.

친구가 많고 사람 좋다는 호인들 대부분은 그 버릇을 고치지 못하면
결국 친구가 원수가 되고, 재산을 잃게 되며, 가족에게 버림받게 된
다. 거절하지 못하는 사람에겐 자신을 이용하려는 사람들만 모이게
되고 이용할 만한 가치가 떨어졌을 때는 이미 낙오자가 되어 있다.

우리는 누구나 언제나 거절할 권리가 있다는 것을 기억해야 한다. 무례하다는 소리를 듣더라도 거절하는 용기를 갖지 못하면 평생 남의 인생을 살게 된다.

적절하고 분명한 거절은 당신과 당신 가족과 부탁을 하는 다른 사람 모두에게 이익이 될 것이다.

한 남자가 결혼 생활 4년 만에

다른 여자를 만나기 시작했다.

그 여자는 농담을 하면 들어줬다.

그리고 웃어줬다.

아내와는 농담할 여유도 없었다.

힘들어 하면 그 여자는 위로해 줬다.

아내는 아이들 때문에 남편을 돌볼 틈이 없었다.

그 여자도 남편이 있어 서로 쉽지는 않았다.

정은 깊어갔고 서로 사랑하고 있다는 것을 알았다.

두 사람은 이혼 후 결합하기로 했다.

그러던 어느 날 둘은 잠자리를 같이했다.

두 사람은 서로의 배우자에게 죄책감을 느꼈지만

서로 사랑한다 믿었다.

얼마간의 시간이 지난 후,
남자는 남편을 배신한 여자를
자신이 사랑한다는 걸 깨달았다.

여자는 아내를 배신한 남자와
자신이 하룻밤을 지낸 것을 깨달았다.

두 사람은 서로를 사랑했지만,
두 사람은 서로를 믿을 수 없었다.

나를 위해 남을 배신한 사람은
나도 배신할 수 있는 사람이란 걸 알아버렸다.

이제 두 사람은 서로를 의심하기 시작했다.
그들의 사랑은 날아가 버렸다.
사랑이라고 생각했던 것이 날아가 버렸다.

4개월 만에 남자는
아내와 가족과 미래를 날려버렸다.
4개월 만에 여자는
남편과 정조와 운명을 바꿔버렸다.

어른들을 위한 슬픈 동화 2

첫눈에 반하지는 않았지만 괜찮은 아가씨였다.

올해도 그냥 넘기려니 어머니의 성화가 두려워,

남자는 청혼을 했고 다행히 여자는 받아들였다.

여섯 번 겨울이 지났고 여섯 번 여름이 왔다.

집안은 평온했고 아이들은 잘 자랐다.

남자가 그 여자를 만난 것은 일곱 번째 겨울이었다.

작은 직장에서 소문이 날까 조심스럽게 사귀었다.

아내보다 날씬했고, 아내보다 열정적이었다.

아내보다 똑똑했고, 아내보다 어렸다.

아내보다 노래도 잘하고, 아내보다 깔끔했다.

첫사랑이 왜 결혼 후에 찾아왔는지 안타까웠다.

숨어 가꾸는 사랑이 죄라 생각해서,
공인된 사랑을 버리기로 결정했다.
우여곡절을 겪고 아이들을 버리면서
아내와 이혼을 하고 새 연인과 결혼을 했다.
한 번 겨울이 지나고 한 번 여름이 왔다.

새 아내는 여전히 날씬했지만
더 이상 명랑하진 않았다.
새 아내는 여전히 똑똑했지만
자신을 위해서만 그것을 사용했다.
새 아내는 노래를 잘했지만
부를 일이 없어졌다.
그리고 더 이상 깔끔하지도 않았다.

남자가 그 여자를 만난 것은 아홉 번째 겨울이었다.

거래처 사람들에게 소문이 날까 조바심으로 보냈다.
두 번째 아내보다 날씬하진 않았지만
푸근하고 다정했다.
노래는 못 해도 음식은 잘했다.
생머리가 근사했고 집도 한 채 있었다.

한번 해봐서인지 두 번째 이혼은 쉬웠다.

또다시 초대할 사람도 없어 결혼식도 없었다.

한 번 겨울이 지나고 아직 여름도 오지 않았다.

세 번째 아내는 음식은 여전히 잘 했지만

혼자 살이 쪄갔다.

나이 사십에 생머리는 어울리지도 않았다.

노래는 못해도 부르기는 좋아했다.

처가 식구들은 날마다 찾아와 방을 차지했다.

다시 세 번 겨울이 지나고 세 번 여름이 왔다.

그 남자는 아직도 세 번째 아내와 산다.

다시 네 번 겨울이 지나고 네 번 여름이 왔다.

그 남자는 첫 번째 아내를 그리며 산다.

첫 번째 아내는 똑똑하진 않았지만,

누굴 무시하지도 않았다.

첫 번째 아내는 여러 음식은 못 해도

된장찌개는 그만이었다.

첫 번째 아내는 부끄러움이 많아도

잠자리가 따뜻했다.

그리고 또 여름이 왔다.

그 남자는 첫 번째 아내를 아직도 그리며 산다.

아홉 해 전 새 남편과 결혼한
그 남자의 첫 번째 아내는
올 봄 큰 아이가 대학을 가고,
일곱 살 둘째 아이가 초등학교에 들어가서,
마음이 바쁘다.
그 일이 아니더라도 첫 남편을 잃은 지
오랜 시간이 지나가버렸다.

그리고 또 여름이 왔다.
그 남자는 첫 번째 아내를 아직도 그리며 산다.

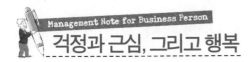
걱정과 근심, 그리고 행복

우리가 근심하고 걱정하는 일은
대부분 실제로 일어나지 않는다.
그럼에도 많은 사람들은 미래에 대해 근심하고 걱정하고
최악의 상황을 상상하며 노심초사한다.

주말에 다른 도시로 출장 갈 일이 있어
아내에게 동행하겠느냐 물었더니
옆에서 처형이 놀라며 말린다.

"난, 둘이 함께 비행기 타고 가는 건 반대야!
그러다 사고라도 나면 어떡해!"

물론 그럴 수도 있지만
차를 타고 가다 사고로 죽는 확률에 비하면
비행기 사고란 여전히 지나친 걱정이다.

잠시 후에 이라크와 전쟁을 한다는 소리를 듣더니
테러 위험으로 더더군다나 비행기 여행은 안 된다며 말려댄다.
장모님으로부터 물려받은 과대걱정 유전인자가 작동한 것이다.

장모님은 미남 남편과 함께 그림 같은 딸 다섯을 키우다 보니
하루도 걱정 없이 보낸 적이 없다.
그 흔적이 여전히 남아 이젠 걱정 없는 것이 걱정이다.
그러다 보니 없는 걱정이 없는 날이면
걱정을 만들어서라도 걱정을 해야 할 지경이다.
그러나 한평생 장모님이 걱정하는 일이 일어난 적은 거의 없다.

많은 사람들이 실제로 항상 더 나쁜 시나리오를
만들어놓고 생활하는 것을 볼 수 있다.
둘 다 키가 큰 부부가,
자신의 아이가 키가 크지 않으면 어쩌나 하는 걱정,
퇴근 시간보다 남편의 귀가가 잠시만 늦어도
온갖 불길한 상상을 하는 아내,
새벽에 잘못 걸려온 전화 벨 소리에
아버지가 돌아가셨구나 질겁하며 잠에서 깨는 여자,
아침부터 몰려오는 복통에 암이 아닐까 염려스러운 남자,
우리 회사는 망할 것이라며 전직을 심각하게 고려하는 직장인,

이 모든 이들의 걱정은 대부분 지나친 염려에 불과할 뿐이다.

지난 수요일 본점 매장에 사고가 났었다.
여든 살의 할머니가 주차장에서 브레이크를 밟는다는 것이
실수로 액셀러레이터를 밟아버렸다.
제 풀에 놀란 할머니는 엉겁결에 또다시
액셀러레이터를 밟았고 잠시 후의 결과는 대단했다.

유리벽을 뚫고 매장 깊숙이 안쪽까지 차가 들어와서
진열대 두 개를 완전히 부수고 나서야 멈췄다.
수천 개의 비타민 약병으로 진열되어 있던 그곳은
온통 깨어진 유리병으로 가득했고
놀란 고객들은 바닥에 주저앉아 버렸다.
어처구니없는 이 사고에 대한 매장 매니저들의 대응은
상당히 흥미롭고 아름다웠다.

우선 사상자가 없음을 알고 나서
매장 안 고객들을 안심시키기 위해
모든 직원들은 태연하게
마치 하루에 한번쯤 있는 일처럼 행동했다.
미처 사고 현장을 목격하지 못한 고객들에게

끊임없이 똑같은 질문에 대답해 주면서도 유머를 잃지 않았다.
차가 밀려들어오는 자리에 있던 여직원 하나가
아직도 진정이 되지 않아 호들갑을 떨다가
단호한 눈빛을 보내는 매니저에게 조용한 경고를 받았을 뿐이다.

이제 고객들과 직원들은 벌어진 사태를 즐기기 시작했다.
근처에 있다가 놀라 넘어지며 안경을 떨어뜨린
고객 한 분의 무용담에 다들 웃기도 하고
그 와중에도 고객들이 원하는 상품을 골라주느라
판매 직원들은 바쁘게 움직였다.
방송국에서 연락이 오자 표 나지 않게 좋아해야 했다.
공짜로 매스컴을 탈 일이었기 때문이다.

점장은 부서진 벽을 고치기 위해 벌써부터
공사하는 사람을 불렀고
만약의 사태를 위해 전기전문가를 대기시켜 놓았다.
사고 발생 5분 후부터 모든 현장은
디지털 카메라로 전부 찍혀
보험회사에 청구할 자료로 준비되고 있었다.
사무직원들까지 전부 동원되어 부지런히 수습에 나선 결과,
늦은 오후가 될 무렵 뚫어진 벽을 제외하곤

거의 복구가 끝나가고 있었다.

이튿날,

본사 간부 한 사람의 손엔 사고에 관련된 모든 자료가

준비되어 보험회사 직원을 기다리고 있었다.

이 사고를 통한 손실과 이익 부분을 생각해 보았다.

우선 손실이란,

8시간 정도를 정상적으로 영업하지 못한 점과

부서진 상품이 정상 공급되기까지

1주일 정도는 부분적으로 영업 지장을 받는다는 점이다.

이익이란 무엇보다도 직원들의 사고 대처 능력을

실제로 경험할 수 있었으며, TV 방송국의 전파를 타고

한 시간 간격으로 공짜로 광고를 할 수 있었고

파손된 모든 집기와 상품은 보험회사에서

새것으로 바꿔주게 됐다는 점이다.

결과적으로 사고는 이익이었다.

만약 사고 당시 책임자들이 당황하기만 하고 걱정만 했다면

이렇게 신속하게 사태 해결을 하지 못했을뿐더러

손실이 더 컸으리라 짐작한다.

일전에 연배가 나보다 많은 친구 한 분이

폐가 좋지 않아 검사를 받으러 갔었다.

X선 사진에 미심쩍은 흔적이 보이는데 종양은 아닌 것 같지만

재검사를 해보자는 의사 말에 기겁을 하고 말았다.

주위의 친구와 가족은 별일 아닐 것이라며

대수롭지 않게 대했지만

당사자는 유서를 고쳐가며 온갖 흉흉한 상상을 해댔다.

며칠 후 결과가 나왔을 때는 단순한 감염으로

항생제 몇 알을 처방받았을 뿐이다.

정작 걱정할 일이 생기기 전에 걱정해야 할 이유가 무엇인가?

미리 근심함으로써 해결될 문제는 없다.

걱정은 미래에도, 현재 상황에도

전혀 도움이 되지 않음을 가장 잘 보여준 두 가지 일이었다.

상당히 많은 사람들이 사소한 근심 걱정에도 참지 못한다.

이들은 버스가 늦게 와도 화를 내고

식당의 음식이 늦으면 뒤에 들어온 사람의 음식이

혹시 먼저 나오지 않았을까 살펴보며 조바심을 내고

자동판매기가 동전이라도 삼켜버리면

082

쌍욕을 하며 발길질을 해댄다.

이런 정열이 옳은 의지에 따라 사용되었더라면

아마 나라의 정부를 바꾸는 것 정도는

아무 일도 아닐 것처럼 보인다.

만약 우리가 열의와 체념 사이에서 중용을 지킬 수만 있다면

빨리 달라고 할 때마다 짜장면에 침을 뱉어가며 만든다는

중국집 주방장이 있다는 말에 동요하지 않을 것이며,

팥 앙금은 지저분하고 비위생적인 제조 과정을 감추기 위해

일부러 팥을 넣는다는 소문에 관심을 두지도 않을 것이다.

누구나 행복해지길 원하면서도 걱정과 근심은

불행을 막기 위한 대비책이라고 생각하고 있다.

그러나 그것이 바로 행복을 느끼지 못하게 하는

가장 큰 문제라는 것을 배워간다.

화장실 입구에서부터 지퍼 열지 않기

급하다.
아이들은 자라나고 아내는 졸라대고
주변의 친구들은 성공을 거둔다.
하지만 아무리 급해도
화장실 입구부터 지퍼를 내리며 들어가거나
지퍼를 올리며 화장실 문을
나오는 일은 하지 말아야 한다.
부지런함과 서두름이 구분되어야 할 시기다.

아가씨들이 아저씨라고 부를 때 기분 나빠 하지 않기

포기할 것은 포기해야 한다.
더 이상 미혼 여성들로부터 오빠라는 소리를 들을 수는 없다.

젊음만큼 연륜도 멋이 있다는 걸 알아야 한다.
한 가지 근사한 것은,
남자는 나이 들어도 멋있다는 소리를
들을 수 있다는 점이다.

허리띠 구멍을 늘리지 않기

마흔 이후에 허리띠 구멍을 늘리는 사람은 자살을 앞둠과 같다.
지금의 몸무게를 무덤까지 가져갈 각오를 해야 한다.
건강은 더 이상 선택사항이 아니다.

얼굴에 미소 주름살 만들기

이제 링컨의 말대로 자기 얼굴에
책임을 져야 할 나이가 됐다.
다행인 것은 사십대 이후의 남자는
얼굴보다 인품과 미소로 매력을 만들 수 있다는 점이다.
남자가 한 얼굴로 40년쯤 살다 보면
얼굴에 그 사람의 성품이 나타나게 된다.
그 성품을 잘 관리하면 20대 남자보다
더 멋져 보이게 할 수도 있다.

마누라 면박 주는 버릇 없애기

가장으로서의 권력을 서서히 양보해야 할 시기다.
자녀들 앞에서나 친구들 앞에서
아내를 경시하는 태도를 버려라.
늙어서 눈치 보며 살고 싶지 않다면…….
정권은 바뀌기 마련이고 독재는 무너지기 마련이다.

고전 다시 읽기

혹시 이미 옛날에 읽었다고 하더라도 다시 읽어야 한다.
부담이 되면 헌책방을 뒤져 문고판이라도 사서 읽어라.
언젠가 이름을 들어본 것 같은 책을 하나씩 읽기 시작하면
왜 이런 책을 중고등학교 때 읽고 잊었을까 아쉬워할 것이다.

옛 친구 찾아내기

이런저런 이유로 인연을 이어가지 못하는 옛 친구들을 찾아
새 우정을 만들어가야 할 시기다.
돈 되는 동창들만 찾아다니지 말고
돈 안 되는 친구들도 찾아라.

초등학교 졸업 후 식당 종업원을 하며 돈을 모아
미처 대학 입학금을 구하지 못해 애를 태우던 나에게
통장을 그대로 건네주었던 미동초등학교 출신 허수태.

뻔한 앵벌이의 차비 좀 빌려달라는 소리에
밥까지 사주고 차비 줘서 보내준 안양 살던 정원철.
부모 없이 신문팔이하며 고등학교 마치고
어떻게 해서라도 성공하겠다며
강남에서 어깨 비슷한 일을 하면서
사업가 냄새를 내며 성공과 실패를 거듭했다는 현재호.

지금 어디서 무얼 하며 살까?
언제나 만나고 싶고 연락을 기다리는 친구들이다.

과자 사들고 집에 들어가기

과자로 아이들의 환심을 살 수 있는 마지막 나이다.
쉰이나 예순 되어 자녀들의 환심을 사려면
차를 사주거나 집을 사줘야 한다.

허풍과 욕심 버리기

차라리 장관이 되거나 큰돈을 벌 수는 있어도
철이 들거나 좋은 사람이 되기엔 시간이 얼마 남지 않았다.
친구와의 사소한 약속을 중히 여기고
가족에게 허풍 떠는 버릇을 고쳐야 한다.
버릴 것을 버리지 않으면 늙어 혼자 살게 된다.

수학 공부하기

시험 보기 위한 수학이 아니니 얼마나 좋은가?
패턴을 알면 미래를 예측할 수도 있고
인과관계와 진리와 아름다움을 배울 수 있다.
불변의 자연법칙을 통해
영원한 것에 관심을 가질 가장 좋은 때이자 마지막 기회다.

행운을 불러들이는 두 가지 비법

한 해가 시작되면

"새해 복 많이 받으세요."라는 인사를 제법 많이 받는다.

인사만이라도 행복하고 즐거운 일이다.

내 복을 나눠 갖는 것만 아니라면

누구나 주변 친구들이 행복해지길 원한다.

하지만 남들의 덕담만 기대하는 것이 아니라,

스스로 복을 만들어내는 방법을 알고 있는 사람이 몇이나 될까?

돈 몇만 원을 복채로 놓고

한 해 운수를 훔쳐보려는 사람도 있을 것이며,

한복 꺼내 입고 송구영신 예배 몇 시간만 버티면

2년째 교회를 다닌다며 하나님께 눈도장을 찍히는 방법도 있다.

그러나 이러니저러니 해도 제일 좋은 방법은

스스로 복을 찾아나서는 일이다.

그것이 쉽고 빠른 길이고 실제로 확률도 높다.
사실 대부분의 행운이라는 것도 행운을 받는 사람의
의지나 욕망에 연결되어 있기 때문이다.

올 한 해 정말 복을 많이 받고 싶다면
다음과 같은 방법을 사용해 보길 권한다.

첫째 비법,
운 좋은 사람들과 사귄다.
주변 친구들을 보면 야구 경기장에서 홈런 볼을 주워 온다거나,
고향 가는 열차의 마지막 남은 두 장의 기차표를 샀다거나,
아파트 추첨에서 제일 좋은 집을 배정받는 것처럼
평소에 소소한 일부터 커다란 행운까지
운이 따라 붙는 사람이 있다.
또 하는 일마다 돈이 붙는다거나
손님을 몰고 다니는 사람이 있다.
이런 운 좋은 친구는 평생 따라 붙어야 된다.

미신이라고?
그러나 개똥을 밟으면 재수가 없다거나
꿈에서 돼지를 보면 복이 들어온다는 미신보다는

훨씬 근사한 미신이다.

감기만 전염되는 것이 아니다.

행운도 전염이 된다.

운이 좋은 사람 옆에 있으면 운이 따라 붙는다.

단지 과학적 증명이 곤란할 뿐이다.

최소한 그 사람의 운이 넘어오지는 않는다 해도

설렁탕 한 그릇이라도 얻어먹을 기회가 생기거나

항상 밝게 웃으며 대하는 친구 하나는 가질 수 있게 된다.

그것만이라도 행복한 사람 옆에 서 있어야 할

분명한 이유가 된다.

우중충하게 궁상떠는 사람들과 사귀면

한 해가 끝나도 마냥 그 자리에 앉아 있기 일쑤다.

두 번째 비결,

인사를 잘한다.

하루에 두 번 보면 두 번 인사하고

하루에 세 번 보면 세 번 인사하자.

이것은 어린아이에게 유치원에서만 가르칠 교훈이 절대 아니다.

인사하는 방법을 배우기에 너무 나이 든 사람은 없다.

회사 내에 높은 사람을 만나면 멀리서부터 슬슬 피하지 말고
뛰어 쫓아가서라도 인사를 해라.

지나친 아부라고?
그만한 자존심은 삼키는 것이 요령이다.
상사들이 지나가면 못 본 척하고
숨어버리는 사람들이 승진하는 경우를 보지 못했다.

높은 사람들을 절대 어려워할 필요가 없다.
얼굴도 모르는 까마득한 아래 직원이 인사를 하고
아는 체한다고 기분 나빠 할 상사는 없다.

그 높은 상사에게도
만나길 어려워하는 사람이 있고
눈치를 봐야 하는 아내가 있고
"야! 임마 잘 있었냐?" 하며 뒤통수를 갈겨대는
죽고 못 사는 친구 한 명씩은 있기 마련이다.
높은 사람들이란 학교에 간 형이 돌아오길 기다리며
놀이터에서 혼자 노는 어린아이처럼 외로운 것이다.
그래서 인사 잘하는 부하 직원이 반갑다.

성공하는 사람들 중에
인사하기를 소홀히 한 사람은 없다.

인사성이 좋은 사람은 평생 동안 행운을 불러들인다.
자신에게 인복이 없다고 생각하는 사람은 반성이 필요하다.
인복 많은 사람이 되기 위한 첫째 조건이 바로 인사다.

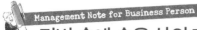
평범 속에 숨은 삶의 지혜

빌려간 물건은 반드시 돌려주자.

애인에게 빌린 우산,

친구에게 빌린 책,

옆집에서 얻어 쓴 고추장,

단골 중국집의 짜장면 그릇 등등

빌려 쓴 것은 잊지 말고 돌려주는 것을 배우자.

투표는 반드시 하자.

그래야 내가 뽑은 사람을

다음 선거 때까지 신나게 욕할 자격이 있다.

조금은 느긋하자.

신호 앞에서 머뭇거리는 여성 운전자나,

부팅이 늦는 컴퓨터나,

복잡한 계산대 앞에서도 조금 기다려주자.

특히 노인들의 굼뜬 발걸음 뒤에서
절대로 한숨을 쉬거나 짜증을 부리지 마라.
너무 진지하지 마라.
신문 정치면이나,
새로 발명됐다는 암 치료제나,
동료들의 칭찬이나 비판에도…….
그러나 너무 가볍지도 말자.

한번쯤 쉬운 문제들을 생각하며 살자.
우리 큰애가 몇 학년, 몇 반, 몇 번이지?
나는 누구인가?
고향 뒷산에 진달래가 아직도 필까?
백부님은 건강하실까?

완벽한 친구를 기대하지 말자.
절대로 돈을 빌려 달라 하지 않는 친구,
메시지나 메일을 보내면 즉시 연락 오는 친구,
내 말을 남에게 전하지 않는 친구,
나도 내 친구에게 그런 사람은 아니지 않는가.

병은 즉시 치료하라.

엉뚱한 대답으로 상대방을 바보로 만드는 병,
질투로 눈 흰자위가 커지는 병,
허풍으로 배가 불러 오는 병,
이들 모두는 전염성이 강하니 즉시 치료해야 된다.

아이가 다 자라기 전에
화초와 채소 키우는 방법을 배워라.
아이는 자라면 떠나가겠지만
꽃은 거기 서서 아침마다 당신을 기다린다.

옳은 것은 옳은 거고 틀린 것은 틀린 거다.
우기지 말자.
아무리 뭐라 해도,
옳은 것은 옳은 거고 틀린 것은 틀린 거다.
세월 지나고 보면 아내 말이 맞다.

모든 것은 변한다.
첫사랑의 여자도 이미 변했으니
당신이나 아내가 변한다고 아쉬워 마라.

천국은 죽어서 가는 곳이 아니다.

가정이 지상의 천국이다.
가정과 바꿀 만한 가치는 없다.
설령, 천국에 간다 해도
이 세상 속에서의 행복한 가정보다 더 좋을까?

교통법규를 준수하는 사람,
세금을 정직하게 내는 사람,
부정한 청탁을 하지 않는 사람이 참 애국자다.
애국은 한순간의 열정이 아니라
꾸준히 평생을 통해서 사회에 적극 참여함을 말한다.

남은 인생을 통해 마음을 곱게 하라.
마흔을 넘어서면 당신의 얼굴이
당신의 옷이며 자서전이다.

맛있다고 독식하지 마라.
일찍 죽거나 감옥에 갈 뿐이다.
재미있다고 중독되지 마라.
그래서 인구가 40년마다 배로 늘지 않는가?

음식을 배부르게 먹지 마라.

이유를 묻는 사람들은 이미 늦었다.

가족보다 친구들에게 베풀기를 좋아하면
가족과 친구 모두에게 버림받는다.

아이 보는 일,
동네 축구에서 심판 보는 일,
집안 청소하는 일,
아빠 노릇 하는 일들은
잘하고 있으면 남의 눈에 띄지 않는다.

절호의 기회는 일생에 몇 번 없지만
유혹은 매일 같이 찾아온다.

너무 바빠서 운동할 시간도 없거나
쉴 시간조차 없다는 사람은
병원 침대에서 편히 쉴 날이 찾아온다.

침묵으로 항의를 할 수 있지만
침묵으로 범죄에 동조할 수도 있다.
웃음으로 용서할 수도 있지만,

웃음으로 비난할 수도 있다.

조용한 구석에 들어가 기도하라.
발전을 거듭하면
영원한 분으로부터 말하기보다 듣는 법을 배우고
나를 중심으로 세상을 보는 법을 벗어날 수 있다.

아내는 남편에게
하모니카와 천체 망원경을 선물하고
남편은 아내를
지붕 없는 곳으로 데려가라.
별을 보다 지루하면 하모니카를 불어라.

나이 들수록 수학을 공부하라.
모든 것에는 원인이 있음을 잊지 않게 해주고
공식을 알면 예언이 가능하고
무엇보다도 억지와 치매를 막아준다.

점점 사는 것이 수수께끼 같다는 생각이 든다.

왜 내가 슈퍼마켓에서 줄을 서면
꼭 앞쪽에 덤벙거리는 계산원이 있을까?
똑똑한 계산원 앞에 서면 이번엔 가격이 안 적힌 상품을
고른 사람이 있어 번번이 옆줄보다 늦는 이유가 뭘까?
다른 버스는 열심히 오는데 내가 기다리는 버스는
죽어라 오지 않는 이유는 뭘까?
새 차를 하나 샀더니 전과 달리 그 차를 타는 사람이
이렇게 많이 보이는 이유는 무엇일까?

확률의 착각이라 생각하면서도 이상하기는 마찬가지다.
살아갈수록 삶의 의문이 풀리는 것이 아니라
의문이 늘어만 간다.

도대체 정책이나 비전을 뚜렷이 제시하지 못하는 사람을
축구대회를 잘 치렀다는 이유로 대통령 감으로
생각하는 이유가 뭘까?
20년 넘게 이국에 살다 보니
독특한 한국의 정치 정서를 내가 따라잡지 못하고 사는 것인가?

어느 날 나만 보면 자기 교회 나오라는 친구로부터
O양 비디오 한 번 보지 않겠냐는 전도를 받았다.
(요즘 한국 기독교인들 많이 좋아졌다.

IT 시대의 새로운 전도 방법을 터득해 나가고 있다.)

거절한 이유는 간단하다.
비록 O양은 나를 모르지만,
그녀는 내가 그 테이프 보는 것을
좋아하지 않을 것이라는 확신 때문이었다.
입장 바꿔놓고 한번 생각해 보면 알 수 있는 일이다.
그녀의 성적 취향이나 그 일에 대한
도덕적 · 사회적 판단 여부를 떠나
그녀는 명백한 피해자이고, 테이프라는 것이 알려진 대로
극히 개인적인 일이었기 때문이다.

이제 C양의 비디오가 나왔다 한다.
이미 O양 덕분에 한껏 향상된 컴퓨터 기량을 갖춘 30~40대는
유출되기만을 기다리고 있을 것이다.

어떤 일에 관심을 가져야 하고
어떤 일에 무관심해야 하는지를
우리는 언제쯤 배우게 될까?
알 수 없는 수수께끼다.

흔히 사람들은 100만 원짜리 컴퓨터를 구입할 때는
요모조모 비교하고 평가하며 신중을 기하는 데 비해
1,000만 원어치 주식을 사면서는
단 10분도 생각하지 않는 우를 쉽게 범한다.

지극히 사적인 남들의 이야기에는
돈을 들여서라도 정보를 얻으려 하는 데 비해,
국가의 운명을 맡길 지도자를 선택하는 데는 인색하기 그지없다.
알 수 없는 수수께끼다.

자기 아내가 머리 스타일 바꾼 것은
한 주가 지나도 모르는 사람이

같은 사무실 미스 리가 지난 주 입고 나온 옷은
어떻게 알고 있는지 신기하다.

아이 공부 한번도 돌봐주지 않는 남편이
아이들 성적 떨어졌다고 닦달하는 모습도 수수께끼고,
옆집 남자는 어쩌고저쩌고 칭찬하면서
막상 자기 남편에게는 수고한다는 말
한마디 안 하는 아내들도 수수께끼다.

우리는 기회 있을 때마다
자녀들의 손을 잡아주라는 교훈을 흔히 듣는다.
그러나 부모들은, 아이들이 손을 못 잡게 할 나이가 되어서야
'그때 손을 자주 잡아주었으면 좋았을 걸.' 하며
후회하는 이유는 무엇일까?
앞으로 그 아이들이 40살이 되고 50살이 되어서야
부모 손을 잡으려 한다는 사실을 깨닫는 사람이 얼마나 될까?

사장에게 하듯이 수위에게도 정중하게 대하는 법이나,
권위에 집착해 예절을 잊지 않는 법,
또는 마음에 드는 사람이 아니라 해서
그의 좋은 아이디어를 거부하지 않는 일이

진정한 관용이라는 것을 언제쯤이나 알게 될까?

양치질은 넥타이를 매기 전에 해야 하고
흰 수영복은 절대 사지 말며
사진이나 비디오를 찍기 전에는 그 끈을 목에 걸며
귀가 시간이 20분 이상 늦어지면 집에 전화를 해주라는
일상의 교훈을 언제나 따르게 될까?

언제인가부터 기도라는 것은
내가 하나님이나 어떤 절대자에게
말하는 것이 아니라 듣는 것이라는 것을 알게 됐다.

언제 침묵해야 하는지를 알게 되면
언제 말해야 하는지도 알아야 한다.

· 제3부 ·

CEO를 위한 경영노트

Management Note for CEO

때때로 잔인해질 수 있는 성격이 아니라면 지도자를 꿈꾸지 마라. 《목민심서》나 선구자, 그리고 〈벤허〉라는 영화를 좋아하지 않으면 정치할 생각을 마라. 상대를 비난하고 돌아서서 악수할 만한 배짱이 없다면 정치를 꿈꾸지 마라. 비난을 들으면 화가 나고 오해를 받으면 울분이 나고 모함을 받으면 분노를 느낀다면 정치를 꿈꾸지 마라. 권력을 이용해 권위를 지키려 한다면 권위도 잃고 권력도 잃는다. 높이 자랄수록 가지가 약하듯 권력이 높아지면 감옥이 가까워진다.

아빠 없이 아이를 키우는 엄마가 구겨진 4달러를 들고
동네 모퉁이 구멍가게에 분유를 사러 왔다.
분유통을 계산대로 가져가니 주인은 7달러 69센트라고 한다.

힘없이 돌아서는 아이 엄마 뒤에서
가게 주인은 분유통을 제자리에 올려놓았다.
그러다가 분유통을 슬며시 떨어뜨렸다.

주인이 아이 엄마를 불러 세우고
찌그러진 분유는 반값이라 말한다.
4달러를 받고 20센트를 거슬러 준다.

아이 엄마는 자존심을 상하지 않고 분유를 얻었고
가게 주인은 3달러 89센트에 천국을 얻었다.
정말 멋진 거래다.

"이봐요 젊은이! 난 자네가 태어나기 전부터 여기서 쇼핑을 했어."

미세스 하우저는 오늘도 은근히 터줏대감 노릇을 하려고 든다.
그녀는 흰색 모자에 흰색 블라우스를 입고 최신형 캐딜락을 타고,
매주 수요일만 되면 장을 보러 나온다.
물론 캐딜락도 흰색이다.

수요일은 시니어 데이로서 60세가 넘은 분들에겐 10% 할인을 하고
있어서 항상 노인 분들이 가득하다.

우리 회사의 웨스티 뷰 매장은 인근에 오래 된 부촌을 끼고 있어 다
들 한가닥씩 하는 자식을 둔 노인 분들이 유난히 많이 찾는다.

포도씨 기름을 들고 서성이는 미세스 하우저 옆을 지나가려는데, 새
주인이라는 작자가 자기를 몰라보고 그냥 지나치는 게 영 마음에 들

지 않았는지 밑도 끝도 없이 짬밥 역사를 들먹인다.

이 상점의 진짜 주인은 30년 넘게 찾아온 자기 같은 사람이지 법률상의 주인인 나 같은 풋내기 사장이 아니라는 눈치다.

카랑카랑한 성격으로 직원들을 귀찮게 하면서도 물건을 차에 실어주면 팁을 듬뿍 주기도 해서 벌써 그 자자한 명성을 가끔 들어온 터였다.

"미세스 하우저! 오늘도 역시 오셨군요?"

"그런데 어찌 내 이름은 아우?"

자기 이름을 기억한다는 게 의외였는지 입가에 잠시 미소가 보이는 듯하더니 금세 평소대로의 굳은 표정이 되어버렸다.

"최고로 오래 된 단골 손님을 왜 모르겠습니까? 뭐 도와드릴 거라도 있습니까?"

미세스 하우저는 내가 싸울 의지가 없다는 걸 눈치채고 승리감으로 여유 있게, 마치 아량을 베푼다는 듯이 내게 물었다.

"여기 이 포도씨 기름은 어디에 쓰는 건가?"

부인은 들고 있는 초록색 캔을 나에게 보여준다. 그러다 갑자기 자기가 그렇게 행동하는 것은 고참으로서 체면 깎이는 일이라 생각했는지, 캔을 빼앗더니

"자네가 알 리가 없지." 하고는 뒤돌아 가버린다.

멀리서 우리 행동을 지켜보던 직원 하나가 고개를 설레설레 젓더니 웃으며 사라진다.

미세스 하우저는 누가 이 상점을 실제로 소유하고 있는지에는 관심이 없다. 까다로운 고집을 받아주는 우리 직원들을 하인처럼 부릴 수 있고, 새로 사장으로 들어온 동양 친구에게도 다른 직원들 앞에서 망신을 줄 정도로 자신이 대단한 사람이면 그만인 것이다.
항상 뭔가 불만인 듯한 얼굴을 하면서도 한 주도 빠짐없이 장을 보러 오는 걸 보면, 우리들은 내심 그녀가 여기를 얼마나 좋아하는지 잘 알고 있을 뿐이다.

70세 나이에도 불구하고 하루에 자전거를 6마일씩이나 달리는 스티브 영감님만 만나면 구석으로 데리고 가서 무언가 속닥이며 파안대소하는 걸 보면 여기 오는 이유가 혹 다른 데 있지 않나 하는 생각이 들기도 한다.

심술쟁이 할머니는 한 시간이 더 지나서야 수레 가득 물건을 싣고 나서 그제야 바깥의 차 안에서 기다리는 남편에게 미안해지기 시작했는지 빨리 계산하라고 성화를 부린다.
"엘리나! 89달러 56센트입니다. 10% 경로우대 할인을 해서 80달러 61센트입니다."

미세스 하우저의 수선에 급히 계산을 마친 붙임성 좋은 직원이 이름을 불러주며 다정하게 말을 건넨다.

"이봐, 아가씨! 난 미세스 하우저요."

놀란 그녀는 "죄송합니다, 미세스 하우저." 하고 호칭을 정정하며 돈을 건넨다.

"그런데 당신은 왜 거기 서 있누? 그러지 말고 이거나 좀 담지 그래?"

뒷짐 지고 서서 지켜보는 내가 끝내 못마땅한지 물건을 종이봉투에 담으라고 수선이다.

서비스업이라는 게 이런 손님을 다루는 재미에 있다는 걸 알고 있는 나는 잔돈 건네주려는 리아의 손을 가로막으며 미세스 하우저가 들으라는 듯이 크게 말한다.

"리아 양! 아무래도 이 분은 경로우대 나이가 안 되셨는데도 10% 할인받으려고 수요일에만 오시는 거 같아. 운전면허증을 확인하고 돈 계산을 다시 하세요."

나도 덩더쿵 너도 덩더쿵 하는 듯하자마자 미세스 하우저의 목소리가 단번에 커진다.

"뭐라구! 팔십 먹은 노인네가 겨우 10% 할인 때문에 거짓말을 한다는 거야? 내가 당신보다 돈도 더 많을 걸?"

프런트 매니저가 무슨 일인가 달려오고 주위의 다른 손님들도 지루하게 계산을 기다리던 참에 좋은 구경거리가 생겼나 하고 돌아본다. 불구경하고 싸움 구경 좋아하는 건 한국이나 미국이나 마찬가지다.

씩씩거리는 미세스 하우저를 달래어 장바구니를 대신 들고 문 밖을 나서는 프런트 매니저 뒤를 쫓아, 다시는 안 올 듯이 밖으로 나가던 미세스 하우저는 무슨 생각이 났는지 갑자기 웃음을 터뜨린다.

나는 싱거운 결말에 서운해 하는 다른 고객들을 돌아보고 어깨를 으쓱하며 말했다.
"나이 드신 분에게 저렇게 한 마디 하면 효과가 있더라고요."

다음 주 수요일에도 역시 장을 보러 나온 미세스 하우저는 남편을 끌고 와서는
"여보, 이 친구가 여기 주인이야."라며 마치 오랫동안 서로 알고 지내온 친구를 소개하듯 나를 남편 하우저에게 소개한다.
서로 인사를 나누려는데 대뜸 그녀의 입에서 나온 말, "그런데 당신 이름이 뭐유?"

결국 그 한마디 때문에 우리는 이제 막 친구가 된 것을 들켜버리고 말았다.

그 남자는 6년째 고속도로 모퉁이에 서서 신문을 판다.
차 안에 앉아 신호를 기다리는 사람들이 그의 고객이다.
나이는 쉰이 넘은 백인인데 신문 팔기엔 사연이 있어 보인다.
낡은 옷이지만 항상 단정하고 야구 모자를 쓰고 있다.

신문 파는 일만이 그가 하는 일은 아니다.
그는 지나가는 모든 이에게 인사를 한다.
아침 출근길에 바쁜 사람들이 고속도로에 들어서기 위해
신호를 기다리면서 그의 인사를 받지 않을 방법은 없다.
그의 인사는 다정하며 코앞에 와서 손을 흔들어대기에
누구든 인사를 받아야 한다.
처음엔 그의 인사를 무시하던 사람들도 이제
그가 다가오면 먼저 인사를 건넨다.

그는 신문을 15센트에 사서 50센트에 판다.

재수 좋은 날은 40달러를 번다.

어떤 이가 차창을 내리고 신문을 산다.
1달러를 주며 잔돈은 그냥 넣어두라 말한다.

그는 말한다.
"저는 사업가입니다. 동냥을 하는 게 아닙니다."
기어이 50센트를 돌려주고 고맙다며 인사한다.

건너편 신문팔이는 하루에 30달러 정도를 번다.
그러나 그는 요즘 80달러를 버는 날도 있다.
그는 진짜 사업가이고 사업이 무엇인지를 안다.

별일이 아님에도 엄청난 비난이 들어온다면
비로소 당신은 유명해진 것이다.

당신이 아무리 유명해져도 한낱 철부지 신인에게
자리를 내주게 된다.

가장 유명할 때 은퇴하면 영원히 유명해지고
끝까지 유명하려다 보면 아무도 당신을 기억하지 못한다.

추종자의 깊은 사랑은
지독한 증오를 동반하고 있다.

매력과 유머를 이용해 돈을 벌 수는 있지만
관용과 인간미가 더해지면 명성을 얻을 수 있다.

우유의 유효기간은 7일이다.

두부의 유효기간도 7일이다.

요즘은 옷이나 음악도 유효기간이 있다.

유행이 지나면 유효기간도 지난 것이다.

옛날엔 유효기간이 더 길어서

형제들끼리 물려주던 시절도 있었다.

사랑에도 유효기간이 있다.

관심이 지나치면 유효기간이 다 되었고,

집착이 시작되면 유효기간이 지난 것이다.

무관심이 나타나면 이미 상해서 냄새가 난다.

연예인도 유효기간이 있다.

아직 매력 있고 재능이 있어도,

더 매력적인 신인이 나타나면 유효기간이 끝나간다.

가정에도 유효기간이 있다.
밤 늦게 들어가도 기다려주고 걱정하는 사람이 없다면
이미 유효기간이 지난 것이다.

아버지도 유효기간이 있다.
때로는 가정을 부양하지 못해서
유효기간이 지나버리기도 하지만
아이 엄마를 더 사랑하지 않는 순간에
곧바로 유효기간이 지나버린다.

나는 믿는다.

사색하지 않는 지식은 죽어버린다는 것을 …….

나는 믿는다.

옳은 말이라고 다 할 수 있는 것이 아니라는 것을 …….

나는 믿는다.

숫자로 나타낼 수 있는 것은 진리가 아니라는 것을 …….

나는 믿는다.

아무리 고통스러운 일도 옛말하며 사는 날이 온다는 것을 …….

나는 믿는다.

아침 해보다 저녁 해가 더 아름답다는 것을 …….

나는 믿는다.

예쁜 손보다는 따뜻한 손이 사랑스럽다는 것을 ······.

나는 믿는다.

좋은 사람이라도 함께 살고 싶지 않은 사람이 있다는 것을 ······.

나는 믿는다.

이기는 법을 가르쳐야 한다면

지는 법도 가르쳐야 한다는 것을 ······.

나는 믿는다.

아버지의 사랑도 어머니의 사랑 못지않다는 것을 ······.

나는 믿는다.

내가 아무도 믿지 않으면 누구도 날 믿지 않는다는 것을 ······.

나는 믿는다.

혼을 내서 키울 아이가 있고 칭찬을 해서 키울 아이가 있음을 ······.

나는 믿는다.

나쁜 일도 끝이 있지만 좋은 일도 끝이 있음을 ······.

믿음을 갖고 있는 분들에게

삼 일 이상 굶어본 적이 있는가.

안 해봤으면 한번 해보시라 권한다.

운이 좋으면 이웃 사랑을 배울 것이고

더 운이 좋으면 하나님을 만날 수도 있고

운이 나쁘더라도 살을 뺄 수는 있다.

스님이나 목사가 고뇌하는 얼굴을 하고 있다고 해서

영성이 가득하다고 감동하지 마라.

소화불량에 걸렸는지도 모른다.

소풍 가기 전날의 어린아이 마음같이 살 수만 있다면

천국까지 가서 손뼉 칠 이유가 있을까.

저도 안 먹으면서 남들에게 먹으라는 사람을 약장사라 부르고

저도 안 믿으면서 남들에게 믿으라는 사람을 전도사라 부른다.

워싱턴에서 예수를 믿지 않는 사람과
사우디에서 예수를 믿는 사람을 우리는 같은 이름으로 부른다.
그들 각각의 나라에서 이교도라 부른다.

예수님의 수의와 베드로의 십자가,
그리고 부처의 어금니 뼈를
성물이라고 생각하는 사람이
서낭당에 절을 하면 어리석다 말한다.

비 오는 수요일 새벽 예배는 꼭 참석해라.
예수님이 그날 그 시간에 오신다는 정보가 있다.

저도 알지 못하는 바를 다른 이에게 전하는 자가
자신이 볼 수 없거나 이해되지 않는 것에 의문을 갖는
사람을 이단이라 부른다.

어느 종교가 우월한지 논쟁을 벌이지 마라.
농협조합장은 당신이 키운 포도가
어디에 담겨 어느 길로 왔는지 관심이 없다.
포도의 품질이 궁금할 뿐이다.
기적을 보았다고 구원을 얻는 것은 아니다.

구원을 얻었다고 기적을 일으키는 것도 아니다.

계명이란 죄를 구분하지 못하는 사람을 위한 지침서이고
교리문답이란 영원한 질문에
의심을 품지 못하도록 가둬놓는 일이다.

예수님도 미처 말씀하지 않은 사실 하나.
온 인류를 사랑하는 것이 네 이웃을 사랑하는 것보다 쉽다는 점.

하나님의 손길을 느끼고 싶다면
누군가를 사랑하면 된다.

정의가 반드시 이긴다면 종교가 아직까지
이 세상에 존재할 이유가 없다.
신은 이 세상 안에서는 철저히 방관자다.
그러니 자신을 위해 기도하기보다는 남을 위해 기도하라.

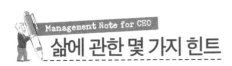
여행의 가장 큰 즐거움은
여행 후 집에 돌아왔을 때다.

글을 쓰는 사람은 모두 거짓말쟁이다.
단지 허가를 받았을 뿐이다.

물고기와 손님은 몰려다닌다.

오래 서 있던 사람하고
오래 기다린 사람하고는 싸우지 마라.
오래 서서 기다린 사람하고는 더더욱 싸우지 마라.

대부분의 우연이나 기적도 노력을 통해 나타난다.

남자의 인품은 사랑할 때보다

사랑한 여자를 버릴 때 나타난다.

아이들을 키우면서 가장 놀라운 일은
평생 동안 놀랄 만한 일이 계속 생긴다는 점이다.

휴식이 가장 필요한 사람은
이제 막 휴가에서 돌아온 사람.

눈에 보이는 모든 것이
눈에 보이는 대로 생긴 것은 없다는 사실.

한 사람의 인품이 설명과 논리로
알려지는 경우는 없다.

집들이하는 친구에게 가장 좋은 선물은
망치와 드라이버가 들어 있는 공구 세트.

어제보다 오늘이 더 행복했더라도
오늘보다 더 아름다운 내일은 없다고 생각해야
내일이 오늘보다 행복해진다.

꼬리 치는 개라고 안심하지 마라.
개가 꼬리 친다고 다 호의를 나타내는 것은 아니다.

늘 선의를 행한다고 항상 보답을 받는 것은 아니다.
겨우내 산짐승에게 먹이를 주었다고
그놈들이 당신 채소밭을 안 뒤진다는 보장은 없다.
3년 키운 불독에게 물리는 수도 있다.
하물며 사람이야 …….

어머니의 교훈을 지킨다고 해서
아내의 잔소리를 벗어나지는 못한다.

누군가에게 오래 기억되고 싶다면 돈을 갚지 않거나
선물을 받고 감사하다는 말을 하지 않으면 된다.

불행을 당한 친구 앞에서
네 마음을 이해할 것 같다며 위로하지 마라.
섣부른 말은 상처를 깊게 한다.

존댓말을 쓰는 친구와 가까워질 확률은
동전을 던져 열 번 계속 앞면이 나올 확률과 같다.

정치가가 되길 바란다면 ······

때때로 잔인해질 수 있는 성격이 아니라면
지도자를 꿈꾸지 마라.

《목민심서》나 선구자, 그리고 〈벤허〉라는 영화를
좋아하지 않으면 정치할 생각을 마라.

상대를 비난하고 돌아서서
악수할 만한 배짱이 없다면 정치를 꿈꾸지 마라.

비난을 들으면 화가 나고 오해를 받으면 울분이 나고
모함을 받으면 분노를 느낀다면 정치를 꿈꾸지 마라.

권력을 이용해 권위를 지키려 한다면
권위도 잃고 권력도 잃는다.

높이 자랄수록 가지가 약하듯
권력이 높아지면 감옥이 가까워진다.

내가 용서하면 관대함이요,
남이 용서하면 비겁함이라 한다.

내가 고전을 인용하면 유식함이 드러나는 것이고,
상대가 고전을 인용하면 사대주의에 빠졌다 한다.

내가 아끼면 절약 정신이 강하고,
남이 아끼면 구두쇠라 한다.

내가 앞장을 서면 용기 있는 사람이고,
남이 앞장을 서면 나서기 좋아하는 사람이라 한다.

내가 돈을 벌면 능력이 좋은 것이고,
남이 돈을 벌면 운이 좋다 말한다.

내가 조심스러우면 신중하다 하고,
남이 조심스러우면 우유부단하다 말한다.

내가 승진을 하면 능력이 있다 하고,
경쟁자가 승진을 하면 부정이 있었다고 생각한다.

내가 감정을 드러내지 않음은 생각이 깊어서이고,
남이 말이 없으면 건방지다 말한다.

내가 따지고 들면 불의에 대항하는 것이고,
남이 따지고 들면 사회 적응을 못 한다 말한다.

내가 차 문을 열어주면 신사이기 때문이고,
남이 차 문을 열어주면 어디서 보긴 봤다며 비웃는다.

내가 알아서 행하면 솔선수범이지만,
남이 나서서 하면 월권행위라 한다.

내가 허리가 아프면 일을 많이 했기 때문이고,
남이 허리가 아프다 하면 꾀병이라 말한다.

우리 팀이 이기면 혹독한 훈련의 당연한 결과이고,
다른 팀이 이기면 심판을 나무란다.

내가 휴가를 가는 것은 재충전하기 위한 것이고,
남이 휴가를 가는 것은 행락 질서를 어지럽히는 일이다.

내가 믿는 종교는 하나님의 유일한 진리요,
남이 믿는 종교는 불쌍한 이단의 가르침이다.

내가 시치미를 뚝 떼면 상대가 소란할까 배려하는 것이고,
남이 시치미를 떼면 제 잘못을 감추려 한다고 비난한다.

내가 예의바르면 웃어른을 공경하는 것이고,
남이 예의바르면 사귀기 쉽지 않은 친구라 말한다.

우리 집에 있는 피아노는 가정의 품격을 유지시켜 주지만,
남의 집에 있는 피아노는 팔면 얼마나 될까 궁금하다.

내가 신속하게 결정하면 고객을 돕기 위해 최선을 다함이요,
남이 신속하게 결정하면 경거망동이라 말한다.

내가 적선하는 것은 사회 구성원의 책임을 다함이요,
남이 적선하는 것은 애인이 옆에 있기 때문이다.

내가 실패한 것은 불경기 때문이고,
남이 실패한 것은 월급쟁이로 살 사람이 부린
만용의 결과라 말한다.

내가 거침없는 것은 아버지로부터 물려받은 용기요,
남이 거침없는 것은 배우지 못한 무식의 결과라 말한다.

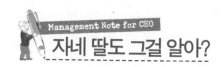

오랫동안 남 밑에서 일하다 푼푼이 월급을 모아 자기 사업을 하겠다
며 자랑을 하러 온 은태 씨는 자기의 사업 구상을 들어보라며 열의
가 나서 설명한다.

자세히 들어보니 시장성도 있고 아이디어도 나무랄 것 없어 충분히
승산이 있고, 더욱이 하고자 하는 열의가 넘쳐 말릴 수도 없는 처지
라서 될 것 같다며, 한번 열심히 해보라고 칭찬을 해주니 물끄러미
나를 쳐다보며 눈물을 주르르 흘린다.

몇 달을 생각하고 준비한 계획을 주변에 이미 사업하는 친한 친구들
에게 이야기했는데, 한결같이 관심 있게 들어주는 사람도 없고 그나
마도 그냥 월급쟁이 생활이나 하라며 기운을 빼대서 마음고생이 많
았다는 것이다.

사업자금을 빌려달라는 것도 아니요, 동업하자고 귀찮게 하는 것도

아니건만 왜 그리 다들 칭찬이나 격려가 인색한지 모르겠다며, 일을 시작하기 전에 누군가의 격려가 필요했는데 오늘 해준 말에 너무 감사하다며 눈물을 훔친다.

은태 씨의 사업은 번성해서 가게를 하나 더 늘리게 되었다.
두 번째 가게를 오픈하기 전, 자랑도 하고 이젠 사업이 자리잡았다는 것을 보여주고 싶어 염려하던 친구들을 찾았더니 1년 만에 무슨 가게를 또 오픈하냐며 그렇게 성급하게 하다가는 망한다는 소리까지 듣고 마음히 상해 돌아왔단다.

두 번째 가게도 장사가 잘되어 종업원도 여덟이나 두고 제법 사장 냄새를 풍기며 나를 찾아왔다.
"매일 저녁마다 붙어다녔는데도 마음 오가는 친구가 없었습니다."
들어서자마자 푸념을 해댄다.

"은태 씨, 자네는 그 사람들하고 다른 거 같아?"
"그렇게까지 옹졸하진 않습니다."
"자기가 그 상황에 빠지기 전에는 그런 사람인지 아닌지 모르는 거야. 자네 딸 우진이를 사랑하나?"
"그럼요, 그런데 그걸 왜 물으세요?"

느닷없는 내 질문에 엉덩이를 한번 들었다 소파 깊숙이 자세를 고쳐앉으며 내 대답을 기다렸지만, 내 입 속에서는 질문이 하나 더 나왔다.

"자네 딸도 그걸 알고 있어?"
은태 씨는 생각에 잠겨 말이 없어져 버렸다.

"보여주지 않으면 없다고 생각되는 게 사랑이고 우정이지. 자네 친구들에게 잘하게. 너무 서운해 하지 말고 ……."

덩치는 산만한 친구가 또 눈물을 흘린다.
"우리 조금 넉넉하게 살자고. 남을 위해서가 아니라 나를 위해서라도 말이야 ……."

직원 중에 멕시코에서 건너온 데니얼이라는 젊은이가 하나 있다.
청소도 하고 포장도 하고 진열도 하는데, 자기가 찾아서 하면 표도
안 나는 일이지만 하루만 게으름을 피워도 금세 표가 나는 궂은일들
을 지각 한번 하는 일없이 한결같이 해오고 있다.

데니얼은 열여덟 살 때 삼 일을 굶어가며 멕시코 국경을 기어서 미
국으로 넘어왔다.

어느 날 인력시장 주차장에서 직업을 구하는 사람들 무리에 섞여 깨
끗한 모자를 단정히 쓴 그가 눈에 띄었다. 남들처럼 벽에 등을 기대
지 않고 반듯이 서서 자기에게 일자리를 줄 사람을 찾는 모습이 마
음에 들어 데려왔는데, 이젠 10년을 함께 일하며 건장한 청년이 되
었다.

이미 열일곱 살에 결혼해서 아내와 아이를 둔 데니얼은 재작년엔 고

향을 다녀왔다.

하루 일당이 2달러도 안 되는 시골 어느 멕시코 촌동네가 고향인 그가 벌써 3만 달러나 아버지에게 보내 집 사놓고 땅 사고, 그야말로 금의환향하여 그 동네에선 갑부 소리를 듣는 유명한 청년이 되었던 것이다.

일터에 돌아와서는 마치 내 일같이 알아서 쉼없이 모든 일을 척척 해내고, 언제나 표정이 밝아 함께 일하는 사람들이 모두 즐겁다.

데니얼을 보고 있노라면 나 자신이 부끄러운 생각이 든다. 존경이라는 것이 위인전을 읽으며 생기는 것만은 아니라는 걸 새삼 느낀다. 그의 성실함 앞에는 내가 그의 보스라는 것도, 재산이 많다는 것도 자랑이 되지 않는다.
아내도 데니얼을 보면 너무 매력이 있다며 은근히 칭찬을 해대곤 한다.

그는 자기가 어떤 일을 어떻게 해야 하는지 잘 알고 있으며 그 일을 즐기는 방법을 알고 있다. 인복이 있다는 것은 이를 두고 하는 말 같다.

나도 의사처럼

병이 낫든지 안 낫든지

돈을 받을 수 있는 것이

없을까?

나도 신문사처럼

효과를 보장하지 않는 광고 같은 것을 팔 수 없을까?

나도 정치가처럼

오지 않을 희망을 미리 팔 수 없을까?

나도 회계사처럼

내 마음대로 숫자를 바꿔 팔 수 없을까?

나도 변호사처럼

소송에 져도 본전은 건지는 물건이 없을까?

나도 점술가처럼
언제 배달될지 모르는 미래를 팔 수 없을까?

자네가 무슨 걱정을 알아

내게 가끔 들르는 친구가 돈 때문에 걱정이라기에 "세상 걱정 중에 서 돈 걱정이 제일 편한 걱정이다."라고 대꾸했더니 발끈해서 한마 디 한다.

당장 발등에 불 붙은 사람에게 정 없는 소리인 줄은 알지만 나는 내 경험으로 그게 사실임을 안다.

"자네가 무슨 걱정을 아느냐?"는 대꾸는 참으로 받아들이기 힘든 말이다. 나 역시 모든 것을 날려보기도 했고, 내 처지가 너무도 고약 해 남 몰래 울어보기도 했으니까.
죄 없는 아내만이 내 화풀이를 받아내야 했다.
그제야 그 돈이라는 것이 내 아내와 어린 자식들을 나에게서 떼어놓 을 수도 있을 만큼 무서운 놈이라는 것도 알았다.

그러나 내가 전부라고 생각한 것들이 전부가 아니라 내가 가진 것의

극히 일부였음을 어느 순간 깨닫게 되었고, 이왕지사 공부한 셈 치고 지난 일들을 홀홀 털어버리니 지금은 오히려 그때의 경험이 귀한 자산이 되었다.

한번 바닥에 떨어져 다리가 부러져 본 사람은, 다시 나무에 오를 때 발 딛는 요령을 터득하기 마련이다.
발 딛는 요령을 배우기도 전에 너무 높이 올라가다 떨어져 버리면 다리 하나 부러진 정도로 끝나는 것이 아니라 생명을 잃게 될지도 모른다.

당장 돈 때문에 걱정인 사람은 사랑하는 사람을 잃은 뒤의 고통이나 불구가 된 자식의 미래를 함께 해야 되는 심정에 비교하면 그야말로 복에 겨운 걱정인 셈이다.

하지만 돈 때문에 사랑을 잃은 사람이나
돈 때문에 자식이 불구가 된 사람이나
돈 때문에 가족과 헤어지게 된 사람들에겐
나 역시 무슨 위로를 해야 될지 모르겠다.

마을 신문 읽는 재미

휴스턴에는 몇 개의 동포 신문사들이 있다.

내게는 신문을 보는 특이한 버릇이 하나 있는데, 평소에는 큰 제목에 관심 있는 기사만 읽는 것이 보통이나, 1년에 한두 차례는 신문 한 부를 책상 위에 올려놓고 작정을 하고 읽어나간다.

첫 페이지 제일 위에 구석 작은 광고부터 시작해서 마지막 페이지의 숫자까지 한 글자도 빼놓지 않고 읽는 것이다. 그렇게 읽노라면 평소 어느 때보다 사회를 보는 신문의 모습을 적나라하게 들여다보는 느낌이 든다.

휴스턴이야 미국 안에서 작은 도시도 아니고 여기 사는 한국 사람들이 2만여 명 정도 된다 하니, 그 정도면 굼벵이, 바구미, 거저리, 오사리가 다 모여 있게 마련이다. 한 사람 소개하면 서로 다 아는 사이이고, 이리저리 돌려보면 서로서로가 다 사돈지간이다.

〈전원일기〉의 양촌리처럼 서로 모르는 거 아는 거 없이 어울리는 작은 커뮤니티에서 발행되는 신문은 그래서 재미가 있다.
첫 페이지는 전문직업인 광고가 많다.
내 머리 속은 자질구레한 생각들이 몰려갔다 사라진다.

의사 일 하면서 부업(?)으로 목사 일 보는 김 선생은
요즘도 아내와 손 붙잡고 점심 먹으러 다니나?
그 집 요새 유기현미 찹쌀밥 해먹는 것 같던데 당뇨가 있나?

보석금 대신 내주는 회사가 생겼군.
한국 사람들도 알게 모르게
경찰들에게 일거리를 많이 갖다 주는가보군.

어! 이거 혹시 현순이 아줌마 딸 아닌가?
변호사 공부 마쳤다더니 사무실 오픈했네.

덩치가 소만한 회계사 남편을 둔
강아지만한 의사 아줌마는 이제 토요일도 진료를 보는군.
요즘도 그 남편 체육관에서 에어로빅하나?
광고에 나온 사진은 10년 전 사진 그대로군.

치과가 두 개나 더 생겼네.

어메! 인터넷 책방 광고도 있네.

'서울서점' 권 아줌마 신경 쓰이겠군.

그렇지 않아도 장사 안 된다고 야단이던데…….

그 집 딸내미들은 요즘 시집갔나?

뭐야? 조 씨가 태권도 9단이야?

항상 길러낸 사위짓만 하는구먼.

지난번엔 6단으로 봤는데 …….

음악 학원은 이름이 조금 바뀌었네 …….

예술원이라?

이제 미술도 가르친다 이거군.

이 양반은 장사하랴, 시인 하랴, 정신없겠군.

아니, 근데 시를 쓸 때는 참 잘 쓰는 것 같더니만

광고에다가는 이게 뭐야?

완전 서재필 선생 〈독립신문〉 나올 때 보던 광고 문구네.

그것도 전면 광고야.

이 양반 시인 맞아?

어이구, 최 씨는 아주 약장사로 들어섰군.

기미, 비만, 변비, 콜레스테롤, 간 청소를 한꺼번에 한다고?

그을린 돼지가 달아맨 돼지 타령하는군.

최 씨가 아무래도 약장사로 돈 벌어

뚱보 마누라 지방제거 수술을 해주려나 보군.

중화요리 전문점!

맛과 질이 확실히 다르다고?

그건 맞군.

주인 바뀌고 나더니 맛과 질이 확실히 달랐어.

이 집 걱정 되네.

급매! 의류잡화 가게 관심 있는 분만 연락하라네.

관심 없는 사람도 연락하나 보지 …….

샌드위치 숍 매매.

기회는 단 한 번뿐이라고.

이거 몇 달 전부터 나온 곳 같은데,

같은 주인이 계속 못 팔아서 내는 거야,

아니면 속아서 산 사람들이 계속 속이는 거야. 알 수 없군.

어? 이거 혜경 씨네 식당이네.

공사 다 끝나간다더니 이제 사람 구하는구나.

뭐야?

하나, 둘, 셋……

한국 교회가 이제 50개를 넘었네!

어? 기원이가 목사 안수 받았군!

그 고약한 경상도 영어로 설교하는 거 들을 만하겠군.

재미있겠다.

숙식제공,

하루 24시간 365일 근무라는 얘기로군.

20~30대 젊은 남자분 구함?

짐 나를 일이 많다는 얘기네.

어깨와 허리가 튼튼해야 될 걸.

가족 같은 분위기?

월급은 가끔 못 줘도 함께 일하자는 소리지.

밤일 하실 분?

회사 이름이 없군.

설마? 에이, 아마 청소 회사일 거야.

용모 단정한 여직원.
사장이 건달에 바람기가 있으니
조심해야 될 거라는 뜻이군.

유학생 환영.
임금 적게 받고도 붙어 있을 사람을 찾는군.

기사보다 재미있는 나의 동네 신문
행간 읽기는 이렇게 끝나간다.

마음을 닫고 살면 늙어서 어깨가 굽고
세상을 무시하고 살면 늙어서 등이 굽는다.

기대지 말고 바로 앉아라.
허리를 구부리면 성공하기 힘들다.

굶지 말고 챙겨 먹어라.
모든 병을 불러들이게 된다.

코딱지는 팔수록 늘어나고
잠도 잘수록 늘어난다.

평생 물을 많이 마셔라.
피부를 곱게 하고 얼굴에서 화를 거두게 된다.

성급하게 화 내지 마라.
재산도 잃고 친구도 잃는다.

어려서 사탕을 좋아하면
늙을 때까지 이가 고생을 한다.

대부분의 병은 그냥 두면 낫는다.
의사도 그걸 안다.
당신의 조바심에 돈을 청구할 뿐이다.

일찍 잠자리에 들어라.
5센티미터는 더 클 수 있다.

체중을 일정하게 유지하도록 노력해라.
사람들이 당신을 기억하기 쉽다.

당신이 나이 들었음을 느끼는 때

젊어 보인다는 소리를 들으면 기분이 좋을 때

아내가 요리사 자격증이 있었으면 했는데,
요즘은 안마사 자격증이 있으면 좋았을 텐데 할 때

연예인들이 어려 보이기 시작할 때

우리가 겪은 일이 역사 교과서에 나올 때

초등학교를 아직도 국민학교라고 부를 때

집안에 비타민 병이 하나씩 늘어갈 때

아이들은 커가는데 자기는 그대로인 것처럼 느껴질 때

몸매보다는 몸무게가 더 신경 쓰일 때

화초나 텃밭에 관심이 갈 때

달콤하고 시원한 음식보다
얼큰하고 짭짤한 음식에 구미가 당길 때

아가씨뿐 아니라 아이 엄마들도 귀엽게 보일 때

하나님, 영원함, 죽음 등에 관한
단어가 심각하게 느껴질 때

"내가 왕년에는 ……." 하며 이야기를 꺼낼 때

· 제4부 ·
좋은 남편을 위한 경영노트

Management Note for Husband

나이 들어 죽어가는 것이 두려운가? 아니면 늙기 전에 죽는 것이 두려운가? 하나의 문이 닫히면 새로운 문이 열리기 마련이다. 호기심만 간직한다면 죽음도 궁금할 수 있다. 여러 사람 앞에서는 농담으로라도 아내와 자식을 흉보지 마라. 강아지도 내가 귀히 다루면 남들이 함부로 못 한다. 결정적인 순간에는 아내의 말을 따르는 게 좋다. 여자는 남자보다 하나님하고 더 친하다. 당신이 당신 자녀를 아무리 엄격하게 평가한다 해도 당신 자녀가 당신을 평가하는 것보다 엄격할 수는 없다. 자녀들을 공평하게 대하라. 당신 친구와의 우정은 영원하다. 그 친구가 결혼을 하기 전까지는 ……. 아직도 위엄을 갖추고 호통을 치는 아버지가 있다면 자랑스럽게 생각하라. 당신을 어려워하는 아버지를 가진 것에 비하면 더할 수 없는 행운이다.

헬렌이 길에서 울어버린 이유

"거기 운전석 옆에다 넣어둬!"
무뚝뚝한 남편은
헬렌에게 새 자동차 보험증서를 건네주고 들어갔다.
'하여튼 멋대가리 없기는…….'
헬렌은 보험증서가 들어 있는 봉투 한 장을 던지듯 주고
훌쩍 안으로 들어가버린 남편이 못내 서운하다.

그들 부부는 6년이나 타던 차를 버리다시피 내주고
오랜만에 새 차를 하나 뽑았다.
흰색에 가죽 냄새가 폴폴 나는 신형 고급차를
함께 타고 드라이브라도 하고 싶은데,
남편은 별 관심도 없다는 듯 차 안을 한번 슬쩍 훑더니
축구경기를 본다고 집안으로 들어갔다.

'아무리 그래도 그렇지.

아니, 새 차를 사고 나서 어떻게······.
분위기 있게 드라이브라도 하면 얼마나 좋아······.
나한테 이젠 관심조차 없는 거야.'

헬렌은 서글퍼지기 시작했다.
결혼 8년째인 헬렌은, 남편이 다른 남자들에 비해
다감하지 않은 것이 항상 불만이었다.

그녀는 울적한 마음에 친구에게 전화했다.
"애! 지난번에 말한 차 오늘 가져왔어.
나랑 드라이브나 할래?"
"미안해. 나 지금 우리 남편하고
점심 먹으러 나가는 길이야. 너도 같이 갈래?
네 남편도 데리고 나와라."
"아니야, 너희끼리 다녀와."

물어보나마나 거절할 것이 뻔한 남편을 두고
헬렌은 서운한 마음을 달랠 겸 혼자 차를 몰고 나갔다.
주말이라 한적한 고속도로를 음악을 크게 틀고 한참 달렸다.

새 차를 타고 음악에 취해 달리는 기분에

잠시 잊었던 남편 생각이 다시 난 것은
운전을 마치고 집으로 돌아오는 길이었다.

'내가 저 무뚝뚝하고 재미없는 남편하고 계속 살아야 하나?
이렇게 계속 살 수는 없어. 이번엔 이혼하자고 말할 거야.'

헬렌은 그 동안 별러 왔던 말을 꺼내기로 작정했다.

집에 거의 다다라 모퉁이를 도는 순간이었다.
괘씸한 남편 생각에 한눈을 판 헬렌은
사거리에서 신호를 보지 못하고
앞을 지나던 차의 옆구리를 들이받고 말았다.
안전벨트와 에어백 덕분에 큰 부상은 없었지만
자동차 앞부분이 다 부서지고 말았다.

'새 차 뽑은 지 몇 시간 만에 이렇게 부숴놓다니……'
헬렌은 정신이 아득했다.
그렇지 않아도 버럭버럭거리는
잔정 없는 남편의 얼굴이 떠올랐다.

보험증서와 운전 면허증을 보여달라는

상대편 운전자에게 증서를 꺼내주려고
남편이 준 갈색 봉투를 열었다.

굵은 매직으로 쓴 남편의 편지 한 장이 들어 있다.

"만약 사고가 나면 즉시 나를 부르도록 해.
내가 아끼는 것은 당신이지 차가 아니야."

헬렌은 보험증서를 상대방에게 건네주고 바닥에 앉아
어린아이처럼 울고 말았다.

"이보세요! 다친 사람도 없고
보험도 있는데 뭘 그렇게 울기까지 합니까?"

머쓱해진 상대방 운전자가 위로한답시고 한마디 했지만,
헬렌은 듣는 듯 마는 듯 축구 경기에 빠져 있을 남편에게
자신 있게 전화기를 꺼내 걸기 시작했다.

그게 왜 울 일이 아니야

아이들 성화에 몇 달 전부터

강아지 한 마리를 키우고 있다.

서너 달 고생을 해서

겨우 똥오줌을 가릴 수 있게 되어

그런 대로 한 식구로 지낼 수 있겠구나 생각하던 참이었다.

어느 날 아들들이 학교를 간 후에

아내가 집을 치우고 시장에 다녀왔다.

그 사이에 심심함을 견디지 못한 강아지는

아내가 2년 동안이나 기적적으로 키워온

화분 하나를 소파 위에 물어다 놓고

잘근잘근 씹어놓은 것이다.

씹다가 흔들었는지 마루는 온통 흙더미로 뒤범벅이다.

손님일지라도 음료수를 들고 앉았다가는

156

아내의 온갖 눈총을 받아야 하는
가장 아끼는 하얀 소파는
온통 검은색으로 변하고 풀물까지 들어버렸다.

내게 요즘 서운함이 맺혀 있던 화가 난 아내는
흙을 집어 담다 그만 울어버렸다.

제 풀에 겁이 난 나도 뒤통수를 맞은 듯이
안방에서 화장실까지 내가 저지른 강아지 같은 짓이
눈앞에 보이기 시작했다.

침대에 누워 보던 책은 바닥에 떨어져 있고
양말을 꺼냈던 서랍은 반쯤 열려 있다.
집에서 입는 바지 하나는 방바닥에 구겨져 있고
주머니에서 빼내어 놓은 식당 영수증들은
아내 화장대 위에 버려져 있다.
화장실에 들어가보니,
세면대 앞의 거울은 온통 물을 튀겨놓았고
거기도 서랍 하나 열어놓고 옷장에 전깃불은 켜뒀다.
칫솔과 비누는 제자리에서 벗어나 같이 놀고
헤어 드라이어는 줄이 엉킨 채로 세면대에 박혀 있다.

속옷 위아래는 사용한 수건과 엉켜 있고

변기엔 물이 묻어 있고 화장지는 한 귀퉁이가 젖어 있다.

(이건 먼저 목욕한 아들놈 짓이다.)

샤워 룸을 여니 뚜껑 열린 샴푸 통과 린스 통이 바닥에 뒹굴고

머리카락과 비누 땟국물이 욕조에 그냥 있다.

하나같이 모두 그 동안 아내가 말없이 치워온 일이다.

'화를 낼 만하지, 울을 만하지.' 하며

부랴부랴 치우기 시작했다.

가정주부 하는 일이 별거 아니라는 사람은

나처럼 말썽꾸러기 강아지 한 마리를 키워야 철이 든다.

어느 토요일 한가한 오전이면,

평소보다 일찍 일어난 아들 세 놈은 아침 만화영화가 끝나자마자

위층 아래층으로 다니며 깔깔거린다.

아내는 작은 방부터 치우기 시작하는데,

작은방에서 쫓겨난 아이들은

위층을 난장판으로 해놓은 채 나오고

위층을 치우는 사이 거실로 몰려온 이 녀석들은

레고 장난감을 바닥에 냅다 부어놓고

놀기는 팽이와 놀고 있다.

158

일찌감치 아침 먹고 깨끗이 치운 부엌에는
둘째 놈이 그 새 배고프다며 우유와 계란 프라이를 먹는다고
벌써 그릇이 서너 개 나와 어질러 있다.

이러기를 벌써 10여 년,
어이없어 하면서도 아무 말 없이
웃어가며 가사일을 하던 아내가
강아지까지 닮아가는 걸 보고 돌아버린 것이다.

해도 해도 표도 안 나고
끝나지도 않는 일이 가사일이다.
아무리 잘해도 칭찬은 없고
그러나 양말 하나만 제때 없어도
살림을 어떻게 하느냐는 소리만 듣는 것이
가정주부의 삶이다.

저녁에 퇴근해서 반듯하고 깨끗한
집에 살 수 있는 것은 순전히 아내 덕이다.
강아지가 하루 해놓은 짓에 저리 구박받는데,
내게도 말을 하지 않았을 뿐이지
얼마나 여러 말을 하고 싶었을까?

강아지 한 마리 키우다가
별 욕을 다 본다.
철이 드는 걸까?
늙어가는 걸까?

제 일은, 이와 같으니,
아내 외에 다른 여자들에게
눈길을 주지 말지니라.

제 이는, 처가를 차별하지 말지어다.
장인과 장모 생일을 반드시 챙길 것이며,
친정 가는 아내에게 고추장 좀 가져오라거나
김치를 담가오라거나 하지 말 것이며,
시집 식구에 100원 쓰면 처갓집에도 100원을 쓸지니,
너의 아내는 질투하는 아내인즉 이를 소홀히 하면
남편이 퇴근해도 쳐다보지도 않을 것이요,
그날 저녁부터 반찬이 초라해질 것이라.
처가를 챙겨주고 아내의 근심을 헤아리는 자는
아내가 은혜를 베푸느니라.

제 삼은, 소변을 볼 때는
반드시 변기 뚜껑을 올리고 볼일 볼지어다.
1미터도 안 되는 거리도 조준 못 하면서
군대 가서 총 쏘는 건 어떻게 하고 왔는지.
오줌 방울을 변기에 묻혀놓는 인간을 일컬어
죄 없다 하지 아니하니라.

제 사는, 반찬투정하지 말지어다.
음식은 너의 아내의 정성이며 자존심인즉,
"밥이 질었네, 설었네." 투정 부리지 말지며,
"국이 싱겁다."는 둥 "밥에 콩은 왜 넣었냐?"는 둥
"왜 전부 풀밭이냐."며 뱀이 나오겠다는 둥 불평하지 말며,
내 밥상 앞의 모든 음식을 가리지 말고 먹을지어다.
이는 아내가 식당 주방장도 아니요,
당신 월급이 호텔 뷔페처럼 먹을 만큼 넉넉지 않음이니라.

제 오는, 자동차 트렁크를 깨끗이 치워놓을지어다.
자랑스러운 대한의 건아가 그 정도는 해야 하지 않는가.

제 육은, 설거지를 도와주려면
싱크대 주변에 물기도 잘 닦고 행주는 짜서 챙겨놓으며,

부엌 바닥에 물 좀 흘리지 말지니라.

제 칠은, 남의 집에 가서 쓸데없이
화장실 수납장을 열어보지 말지니라.

제 팔은, 메리야스 차림으로
밖에 나돌아다니지 말지니라.

제 구는, 아내 몰래 비밀통장을 만들지 말며
허리띠 속이나 위인전집 책갈피에 돈을 숨겨놓지 말지니라.

제 십은, 아내 찾는 남자 전화를 퉁명스럽게 받지 말지니.
별 잘못도 없으면서 눈치 보게 되느니라.
슈퍼마켓 아저씨나 택배 직원이나 아내 남자 동창이나
무릇 모든 남자의 전화를 조심할지어다.

이 글을 읽어본 내 아내가 무릎을 치며 하는 말,
"…… 아멘!"

아내가 목욕하면
남편도 목욕해야 한다.

형이 하는 짓을 흉보기 시작하면
형처럼 되어간다.

매 맞는 엄마를 보고 자란 아이는
폭력 남편으로 자란다.

젊어서 아내를 구박하면
늙어서 아내에게 구박 당한다.

동서들끼리 미워하면
형제들이 갈라서게 된다.

부모를 돌보지 않는 사람은
자식의 공경을 얻지 못한다.

가족들이 함께 밥 먹는 시간이 없이 자란 아이는
장성해서도 집에 찾아오지 않는다.

의젓하게만 키운 큰아들은
늙어서 당신 손을 잡아주지 않는다.
외톨이로 자란 둘째 자식은 노년에 친구가 된다.
좋은 아버지 노릇하기가 좋은 어머니 노릇하기보다 쉽다.

아이들에게 아침을 차려준 적이 없는 아빠는
딸들이 커도 아빠 식사를 챙겨주지 않는다.

시장에서 물건 값을 깎는 아내는
남은 돈으로 가족을 보살피지만,
어디 가서 물건 값을 깎는 남편은
아이들과 아내 생활비도 깎는다.

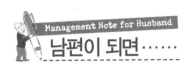
아내가 어리석다고 나무라지 마라.
그래서 당신 같은 사람과 결혼했는지 누가 아는가?

어른이 아이를 만드는 것이 아니라
아이가 어른을 만드는 것이다.
철들기에 가장 좋은 방법은 아이를 키워보면 된다.

민주주의라는 이름이 붙은 나라일수록
비민주적인 나라가 많다.
가정은 민주적인 것이 아니라
좋은 왕이 다스리는 왕국이 되어야 한다.

별똥별이 떨어지는 걸 보면서도
마땅히 소원을 빌 것이 없다면 당신은 행복한 사람이다.

당신의 자녀가 "난 왜 태어났어요?"
하는 질문을 하게 되는 날,
그 답을 알고 있다면 당신의 인생은
진지한 삶을 살고 있다는 증거다.
설령 답을 모른다 해도 그 질문이
당신에게 진지하게 느껴졌다면
여전히 당신은 진지한 삶을 사는 것이다.

직업에 귀천은 없다.
단지 그렇게 믿는 사람들이 있을 뿐이다.
당신 자녀도 그 중에 하나일지 모른다.
성실만이 그 편견을 막아낼 수 있다.

친구들과 모이기만 하면 무슨 병엔
무슨 약이 좋다는 화제가 당신의 관심을 끈다면
당신은 늙어가는 것이 확실하다.
운동이 죽어도 싫다면 연금을 확인하고
생명보험을 들어놓는 것이 좋다.

청춘을 너무 그리워하지 마시라.
청춘은 이사하던 날 아침처럼 어수선한 시기일 뿐이다.

이사 후에 잘 정리된 집에 앉아 차 한 잔
마시는 모습이 훨씬 아름답다.
나이 들어 죽어가는 것이 두려운가?
아니면 늙기 전에 죽는 것이 두려운가?
하나의 문이 닫히면 새로운 문이 열리기 마련이다.
호기심만 간직한다면 죽음도 궁금할 수 있다.

아내가 임신 중에는 서운한 말을 하지 마라.
며느리 앞에서까지 계속해서 원망하는
소리를 듣게 될 것이다.

아내가 이미 사온 것은 투덜거리지 마라.
그 일로 당신과 옆집 남자가 비교당할 수도 있다.

여러 사람 앞에서는 농담으로라도 아내와 자식을 흉보지 마라.
강아지도 내가 귀히 다루면 남들이 함부로 못 한다.

결정적인 순간에는 아내의 말을 따르는 게 좋다.
여자는 남자보다 하나님하고 더 친하다.

당신 돈으로 더 많은 돈을 벌게 해준다는

사람의 말을 절대로 믿지 마라.
그런 것이 있다면 당신에게까지 말하지 않을 것이다.
설령 형제지간이라도 그럴진대
하물며 당신 같은 남한테야 무엇이 아쉬워서 …….

친구가 보증을 서주길 바란다면
우정을 버리는 게 서로에게 낫다.
당신이 그 친구의 아내와 자식을
내 가족보다 중요하게 생각하지 않듯이
결국에는 그 친구도 당신 가족을
자기 가족처럼 살펴줄 수는 없기 때문이다.

당신이 당신 자녀를 아무리 엄격하게 평가한다 해도
당신 자녀가 당신을 평가하는 것보다 엄격할 수는 없다.
자녀들을 공평하게 대하라.

당신 친구와의 우정은 영원하다.
그 친구가 결혼을 하기 전까지는 …….

아직도 위엄을 갖추고 호통을 치는 아버지가 있다면
자랑스럽게 생각하라.

당신을 어려워하는 아버지를 가진 것에 비하면
더할 수 없는 행운이다.

이 세상에 공짜는 없다.
이 세상에 공짜는 없다.
다시 한번 말한다. 이 세상에 공짜는 없다.

어차피 당신 인생의 반은 아버지를 이해 못 하겠다며 살 것이고,
나머지 반은 아이들을 이해하려고 노력하며 살 것이다.
당신 아버지도 그랬고 당신 아들도 그럴 거라면
조금은 위안이 될지도 모른다.

인생이 무수한 고민의 연속이라며
고된 얼굴을 하고 집에 들어가지 마라.
여자들은 오늘도
"오늘은 또 뭘 해 먹어야 하지?" 고민을 한다.

직장 상사 사모님의 요리 솜씨를 아내에게 자랑하지 마라.
당신이 직장 상사만큼 돈을 벌어다 주면
당신 아내도 전복죽에 알래스카 게 다리를 삶아올 수도 있다.

어디 가서 물건 값을 깎으려 노력하지 마라.
특히 아는 사람 집에 가서는 제값 다 내고 먹어라.
군자는 대로에만 있는 것이 아니다.

인생이 이미 정해진 것이라 생각한다면
당신도 오늘부터 중력, 전자기력, 강력, 약력을
하나의 통합이론으로 만드는 일에 뛰어들어라.
스티븐 호킹이 대통일이론을 완성시키기 전에 …….

당신이 정부와 역사에 비판적이라면
희생자인지 공범인지 자문해 보았는가?

한 손은 당신 주머니에 있고
또 한 손은 당신 귀를 잡고 속삭이는 사람은
사기꾼 아니면 정치인이다.
정치가에게 마음을 주려거든
그가 은퇴한 지 10년쯤 지난 다음에 생각해 봐라.

산 위에 올라가 있다고 해서 그를 우러러볼 필요는 없다.
그도 우리가 하찮아 보이겠지만
우리도 그를 보면 작아보이기는 마찬가지다.

옆집 사람이 사귈 만한가 알아보려면 책을 빌려줘라.
돌려받은 후에는 소금이나 양파를 빌려줘도 괜찮다.

아직도 독신인 친구들을 부러워하지 마라.
그녀가 정직하다면 책임지는 것을 두려워할 뿐이라고
당신에게 고백할 것이다.

나이가 서른이 되고 마흔이 되었는데도
별 직업 없이 공부를 계속하는 남편이 있으면
다시 시집 갈 준비를 하는 것이 좋다.
사회에 나가는 것을 무서워하는 사람과 결혼한 것이다.

젊어 보인다는 소리를 듣고 기분이 좋았다면
당신은 이미 늙어가고 있다는 증거다.
운동을 시작할 가장 좋은 나이다.

'저 사람은 나를 사랑하니 내 마음을 알아주겠지.'
생각했다면 당신은 남자를 정말 모르는 것이다.
머리 스타일을 바꾸니까 어떠냐고 직접 물어봐라.
부부싸움을 열 번은 줄일 수 있다.

같은 만 원짜리가 현금 낼 때와 물건 살 때
다르게 보인다고 당황하지 마라.
당신 남편도 신용카드로 한턱 낼 때와
현금으로 한턱 낼 때 느낌이 다를 것이다.

왜 당신은 아이가 걷기 시작하면
그렇게 좋아하고 자랑스러워하면서도
막상 아이가 스스로 걷기에 재미를 붙일 만하면
"제발 가만히 있어!"라고 소리치는가?
눈높이라는 것은 교육할 때만 쓰는 용어가 아니다.

"왜 내 남편은 서랍 속의 양말이나 냉장고 속의
물병도 못 찾을까?" 하며 불평하지 마라.
남편 조상이 원래 들판 지평선에 소 떼를 찾아내던
원시인 출신이라서 가까이 있는 것은 볼 줄을 모른다.
옆집 남자도 마찬가지이니 옆집 여자에게 물어볼 필요도 없다.

당신이 이상(李霜)의 시나 피카소의 그림을 이해 못 한다고 해서
자신을 집구석에나 앉은 여자로 비하하지 마라.
당신 남편도 이상이라는 사람이
피카소 미술학원 원장인 줄 알고 있다.

마사지할 때는 눈을 꼭 감고 눈 주위도 좀 발라라.
주름 방지한다면서 제일 주름 많은 곳은
왜 남겨놓는지 모르겠다.
누워서 흘긴 눈으로 TV 보는 것도 우스꽝스럽고 …….

남편이 특별한 이유 없이 선물을 주면
반드시 특별한 이유가 있다.
특별히 조심해야 한다.

부부 사이에 하지 말아야 할 말들

"제발 나 좀 내버려둬."

"왜 항상 그 모양이에요."

"그건 절대 용서 못 해."

"당신을 이해할 수 없어요."

"난 이제 포기했어."

"상관없어요."

"당신도 지난번에 그랬잖아."

"진작 좀 해주면 얼마나 좋아."

"해준 게 뭐 있다고 그래요?"

올해부터 개정된 신가정법

개정 전 | 아이가 어지른 것은 엄마가 치운다.
개정 후 | 아이가 어지른 것은 아이가 치운다.

개정 전 | TV 리모컨은 아빠가 갖는다.
개정 후 | 드라마 하는 시간은 엄마가 갖는다.

개정 전 | 쓰레기 분리수거는 엄마가 한다.
개정 후 | 아침에 버려주는 건 아빠가 한다.

개정 전 | 백화점 가서 엄마에게 떼쓰면 장난감을 사준다.
개정 후 | 백화점 가서 엄마에게 떼쓰면 아빠에게 이른다.
처벌 조항 신설 | 아빠한테 걸리면 엉덩이 열 대를 맞고 장난감은 압수
된다.

개정 전 | 잃어버린 물건은 엄마가 다시 사준다.

개정 후 | 다시 사준 물건은 용돈에서 제한다.

개정 전 | 숙제는 엄마가 도와준다.
개정 후 | 엄마도 이제 모르니 너희들끼리 알아서 한다.

개정 전 | 아침에 엄마가 깨워 등교시켜 준다.
개정 후 | 늦어도 할 수 없다. 알아서 자전거 타고라도 등교한다.

개정 전 | 먹고 싶은 반찬만 먹는다.
개정 후 | 주는 반찬만 먹는다.

개정 전 | 싸워서 맞고 들어오면 엄마한테 이른다.
개정 후 | 싸워서 맞고 들어오면 형한테 이른다.

개정 전 | 개 목욕시키는 일은 아빠 몫이다.
개정 후 | 개 목욕시키는 일은 아들 몫이다.

선물

나만 유독 그런지 몰라도 난 선물받는 것을
별로 좋아하지 않는다.
어려서부터도 없는 살림에 시장을 뒤져 아들에게
새 옷 입힐 기쁨에 달려오신 어머니 앞에서
옷을 안 입어보겠다고 해서 지청구를 먹기도 했다.
잔업 시간을 쪼개어 아들에게 주려고 곤충채집 통을
근사하게 만들어 한숨에 달려오신 아버지에게
초저녁 잠을 깨운 것이 싫어서 투정했다가,
20년이 지나서도 서운한 소리를 듣기도 했다.

지금도 어디에서 세일해 얼마짜린데 얼마에 주었다,
하며 한번 입어보라고 조르는 아내 앞에서
그런 옷은 뭐 하러 샀느냐고 무안을 줄 때가 있다.

어려서부터 쑥스러움을 많이 타서

남 앞에 나서는 것을 지독히 싫어했다.
주인집에 새로 산 텔레비전에서 6시마다 방송하던
만화 영화를 그렇게 보고 싶어 했어도
남의 집 식구들 속에 둥글게 앉아 있는 것이 계면쩍어
한번도 찾아가지를 못했다.

아마 어려서는 선물을 받으면 고맙다는 표정을 지어야 하는데,
고맙다는 표정을 하기엔 숫기가 없었고
청년이 되어서는 선물을 받고 나면 답례를 해야 하는데,
돈이라는 걸 주머니에 넣어놓고 자라본 적이 없어
오히려 안 받느니만 못하기에 그리 했으리라.
대학 때도 내가 밥 한번 살 형편이 안 되니
누군가가 밥 먹으러 가자면 얻어먹는 것보다 언제고 한번
되갚을 일이 걱정되어 넉살 좋게 따라붙질 못했다.

지금은 숫기가 없음도 아니요, 저녁 값이 없음도 아닌데
여전히 선물만 받으면 부담스럽고 불편하다.
공짜면 양잿물도 마신다지만 매사 성격이 그러니
어디 가서 경품으로 뭘 준다 해도
뭘 써넣거나 받으려 한 적이 없다.

그러니 생각해 보시라.

그런 나하고 사는 아내가 내게 선물을 받아봤을 것 같은가?

물론 ……

줘봤다.

연애할 때 책을 하나 만들어

이런저런 글을 적어준 적이 있고 ……

또 ……

또 ……

또 ……

기억이 없다.

그래도 뭘 주긴 준 것 같다.

결혼 뒤에는 아내의 타고난 눈썰미 덕분에

아무거나 사주기가 뭐해

―열에 열은 내가 사준 것이 마음에 안 든다고

바꿔서 다른 것을 살 게 분명할 거라는 핑계로―

돈으로 선물을 줘왔다.

자기는 옷 선물이 제일 좋다며 내가 준 돈에 10분의 1도 안 되는

세일 옷 한 벌 사 입고 나서 다행히 말을 해주면

'이 옷이 내가 생일 선물로 산 거구나.' 하고 알게 되는 것이고,
말 안 하면 내가 뭘 선물했는지도 모르고 지나가는 것이다.

세상에 자기가 선물하고 뭘 선물했는지도 모르는
바보 같은 일을 한 10년 하다 보니
"당신이 나한테 뭘 해줬는데." 하고 따지고 들면
그냥 눈뜨고 당할 판이다.

오늘이 결혼 12주년이라서(그런데 12주년은 맞나 모르겠다.
날짜도 오늘이 맞긴 한 건가? 왜 그런 계산이 안 되는지 모르겠다.)
아내 몰래 껍데기가 더 비싸 보이는 시계를 하나 샀다.

가격표는 빼버리고 자동차 시트 밑에 구겨 넣어두었다.
아내는 지금 그 차를 타고 친구와 쇼핑한다고 나갔는데,
혹시 내가 줄 자기 선물을 고르고 다니는 것이 아닌지 모르겠다.
이거 또 싸구려 시계 하나 선물하고 어렸을 때 나에게 당한
우리 아버지 꼴 나는 거 아닌가 모르겠다.

차라리 돈으로 주고 영수증을 한 장 받아놓을까 보다.

'저 여자 애랑 결혼하지 못하면
평생 시인이 되어 살 수는 있겠구나.'
하는 생각을 했지만, 시인보다는 남편이 되기로 용기를 냈다.
그래서 몸에 익지도 않은 양복을 입고
앞으로 장인어른이 될 분의 집으로 찾아가
넷째 딸과 결혼하고 싶다고 말을 꺼냈다.

딸 다섯 집에 큰딸도 시집을 안 갔는데,
고등학교를 막 졸업한 넷째 딸에게
청혼이 들어왔다면 보통 일은 아니다.

딸 다섯을 키우는 동안 별별 요상한 질문이나 어이없는 요구를
이미 많이 들어보셨을 장인어른도 이보다 더 맹랑한 경우를
보지는 못하셨을 것이다.
사실 그 자리에서 장인어른이 하실 수 있는 일이란,

방 빗자루를 휘두르거나 허탈하게 웃어넘기며
하던 일을 계속 하는 것 외에는 없으셨을 것이다.
다행히 내가 있는 동안 방 빗자루를 휘두르지는 않으셨다.

나라는 녀석이 어떤 놈인지,
과연 언니들을 제치고 시집을 보내도 될 만한지
알아내기 위해서는 첫째 딸의 생각을 들어보셨을 것이다.
그러나 큰 처형은 뭘 잘못 먹었는지 전부터 알던 나를
제부 자리로 점찍었다.
나 같은 사람은 마음에도 없는 넷째 동생에게
괜찮은 남편감이니 너 좋다고 하면
빨리 붙잡으라고 성화를 부려,
언니 말이라면 무조건 따르던 당시 아내는
엉겁결에 나와 애인 흉내를 내던 참이었다.

결국 장인어른은 내가 우량주가 될 거라는
큰딸의 꼬드김에 넘어가셔서
빈털터리 청년에게 완곡한 표현을 쓴 허가 편지를 보내주셨다.

내가 장인어른 입장이었다면 결코 쉽지 않은 결정이었을 것이다.
대학에 다니던 말라깽이 빈털터리 청년에게

가장 살갑게 굴던 넷째 딸을 내주신다는 것은
아무리 딸 다섯이면 문 열어놓고 잔다는
속담이 있더라도 모험일 수밖에 없으셨으리라.

결국 어린 딸들을 믿으셨고 그 믿음을 저버리지 않기 위해
우리는 행복하게 살아왔다.
결혼 후에 미국으로 넘어와 지내면서도
처갓집 식구들과는 전혀 거리감 없이 살고 있다.

사업 때문에 서울 가서 처가에 묵을 일이 생기면
장인어른께서 새로 동서가 될 사람들의 인상을 물으시곤 하셨다.
먼저 결혼한 이유로 그 새 시험 보던 사람이
면접관으로 신분이 바뀐 것이다.

"사람은 좋아 보이는데요."

처형들이나 처제의 인생을 좌우하는 일에
별 도움 될 만한 발언은 아니지만 내가 할 수 있는 대답이란
당연히 외교적일 수밖에 없었다.

"아버님, 사실 자기들이 좋아하면 가부 결정이

무슨 소용이 있습니까?"

"그건 그래. 막아서 되는 일은 아니지."

장인어른은 혼잣말처럼 말씀하신다.

내가 결혼 허락을 받으러 갔을 때도

지금처럼 생각하셨을 것이다.

딸의 운명 앞에서 자식을 믿을 수밖에 없는 아버지의 독백이다.

일전, 사업차 서울에 들렀다가 처갓집에서

며칠 묵다 오던 아침이었다.

장인어른은 부리나케 안방으로 들어가시더니 갱지 위에

달필로 才勝薄德(재승박덕)이라는 한자를 적어주시는 것이다.

넷째 사위의 사업이 커가고 매스컴도 타는 것을 기뻐하시면서도

한편으로 교만해지면 어쩌나 하는 염려를 보여주신다.

사위가 행여 당신의 사랑과 염려를 잊을까 해서

이 충고를 새겨들으라는 듯.

미국 신학자 윌리엄 스페로의

"많은 사람들이 충고를 받지만

오직 현명한 사람만이 충고의 덕을 본다."

라는 격언을 밑에다 적어놓으셨다.

재산이 많은 처갓집이나 권력을 가진 처갓집을
부러워할 이유가 무엇인가?
좋은 처가를 둔 사람은 행복한 가정을 하나 더 갖고 있음과 같다.

난 처가에 가면 장인어른과 으슥한 영양탕 집을 찾기도 하고
큰 처형은 이름을 불러가며 팔짱을 끼고 걸어다닌다.
둘째 처형은 아이들과 남편을 데리고 와서
하루는 꼭 같이 자고 가고,
셋째 처형은 손톱을 잘라주네 귓밥을 파주네 하며 귀찮게 한다.
막내 처제는 제 밑에서 일하는 모델들의 수영복 사진을
같이 보자며 언니에겐 비밀이라며 낄낄댄다.

아내와 싱거운 일로 한바탕 다투더라도 아내는 바꾸어도
처가를 바꾸고 싶은 생각이 없어 가끔 실없는 농담을 한다.

"처가 식구 여러분! 저 넷째 딸하고 못 살겠습니다.
다른 딸로 바꿔주십시오. 미영이 대신 저하고 살 딸들은
손들어 보세요."
다른 딸들이 "저요, 저요!" 할 것이라는 착각을 하고 산다.

내가 만약 먼저 죽거든

아내여

내가 만약 먼저 죽거든,

우선 당신에게 슬픔을 남기고 가는 걸

미안하게 생각하오.

이래서 항상 당신이 나보다 먼저 죽기를 바란다던

악의 없던 농담을 이해해 주길 바라오.

내가 만약 먼저 죽거든,

장례식에는 흰 국화와 백합 따위는 사양하겠소.

흰색 국화는 좋아하지도 않고 백합은 비싸기만 하지 …….

리엔에게 나 죽었다 말하면

팔다 남은 호접 난을 한아름 보내줄 거요.

호접 난은 흰색도 좋으니 가리지 말고 받아놓으시구려.

내가 만약 먼저 죽거든,

2년만 참았다가 재혼하시오.

1년 안에 결혼하면 내가 슬플 것 같고

3년 이상 혼자 살아도 내가 슬플 것 같소.

제 마누라에게 새 남편 골라주는 사람이 흔하지 않지만,

다감하고 유머 있으며 진공청소기를 돌려주고

백열등을 갈아줄 만한 사람과 결혼하기 바라오.

내가 만약 먼저 죽거든,

새 남편과 몸과 마음은 섞어도 통장과 칫솔은 섞지 마시오.

당신 늙어 죽을 때까지 통장을 움켜쥐시오.

늙어 돈 없으면 아들에게도 서러움 받는다오.

죽을 때 남는 돈 있으면 그제야 아들들에게 나눠주되,

목돈으로 주지 말고 월급 받듯이 매달 조금씩

나눠주라고 미리 변호사에게 말해 놓으시오.

내가 만약 먼저 죽거든,

며느리 얻어서 아들 내외와 같이 살 생각도 말고,

아이들이 찾아오지 않는다고 서러워하지도 말고,

가족이 그리우면 혼자 된 언니 동생 데려와 한집에 살기 바라오.

쇼핑도 같이하고 학교도 다녀보시오.

남은 인생 기꺼이 즐기시고 죽는 날이 되어

188

그래도 새 남편보다 내가 더 나았다 생각하면
내 무덤 옆으로 찾아와주오.

당신은 아름다운 아내였고
사랑스러운 연인이었으며
멋진 엄마였고
정말 괜찮은 친구였지.
내가 만약 먼저 죽어도,
당신을 여전히 사랑함을 잊지 말길 바라오.

토요일 아침.

딱히 할 일이 없어 소파에 누워 책을 펼쳐놓고 게으름을 피우고 있
었다. 아내가 옆에서 빨래를 정리하다가 무슨 책을 보느냐고 물었
다. 시작은 그렇게 됐다.

나는 아내를 붙들고 히브리 사상이 전개되어 가는 과정 속에서 창세
기 이후 여호와의 모습이 아모스로부터 스바냐와 나훔 스가랴에 이
르기까지 어떻게 변해 가는가 하는 이야기를 꺼냈다.

아내도 달리 할 일이 없는지, 내 말에 이것저것 묻기도 해서 이야기
는 길어져 갔다.

이야기는 사해문헌과 초기 그리스도교의 행적을 거쳐 조선시대 기
독교로 넘어왔다. 우치무라 간조로 이어진 이야기가 윤치호와 김
교신을 거쳐, 함석헌과 유영모에 이르렀을 땐 제법 시간이 지난 후
였다.

모처럼 말상대가 되어준 아내에게 쇼펜하우어의 행복의 철학과 노

자 철학 이야기를 덧붙이며 근간에 변해가는 나의 종교 철학을 설명했다.

나는 종교적 사관이 바뀜에 따라 어떻게 더욱 더 하나님의 속성에 진지할 수 있는가 하는 문제와 신성한 속성에 대한 존재의 실체에 끊임없이 접근하려는 이유를 설명했다.
하나님이라는 절대적 존재가 특정한 언어인 영원불변, 전지전능과 같은 언어로 표현되거나 제약된 것이 아니라는 것을 설명하기 위해 왕필을 들먹일 무렵에는 점심 때가 되어버렸다.

마지막으로 불교와 기독교의 본질적인 동질성을 설명하며 그 동안 신성만을 강조한 예수상에 대한 절대적 수용태도로 인해 가장 큰 폐단이었던 자주적 생각에 권리의 상실을 회복한 것을 자랑하며, 나를 거듭난 자로 추켜올리고 난 뒤였다.

난 졸지에 나 스스로를 간디나 쇼펜하우어, 또는 유영모나 김용옥과 같은 계열에 올려놓고 말았다. 긴 이야기가 끝나고 내 유식과 뛰어난 영성에 감동 받은 아내가 한 마디 묻는다.

"그럼 당신들같이 거듭난 사람들은 옆집의 평범한 남자들하고 무슨 차이가 있는 거야? 그 거듭난 사람들이 자기 아내들한테는 잘 했어?"

나는 할 말이 없었다.

아내를 지독히 멸시했던 간디, 너무나 불행하게 인생을 마쳤기에 《행복의 철학》이란 책을 남긴 게 의아했던 쇼펜하우어, 신앙을 위해 아내와 잠자리를 거부했던 유영모, 카랑카랑한 목소리로 아내에게 신경질깨나 부릴 것 같은 김용옥 선생의 모습이 떠올랐다.

아마도 아내는, 내가 성인군자가 되기보다는 출근길에 키스라도 하고 나가는 남편이길 바라는 것 같다. 사실 나도 그게 더 쉬워 보이기도 하고 ……

참았던 소변을 해결하려 일어서는데, 아내가 한마디 한다.

"여보, 나 상 차리는 동안 거기 양말 좀 정리해 놔. 색깔대로 맞추고 애들 양말은 따로 놓고 ……."

거듭난 남편은 화장실에 다녀오자마자 양말을 주섬주섬 주워들었다.

"왜 이렇게 양말이 많은 거야?" 대답도 기대하지 않으며 혼자 물었다.
아! 이럴 줄 알았으면 간디처럼 맨발로 다니는 건데.

공자도 오십에 지천명을 했다는데
당신도 출근길에 쓰레기 정도는 버려줘라.
하늘의 뜻을 알면 아내의 뜻도 알 때가 됐다.

어려운 철학 책은 어리석은 사람이
똑똑하게 보이려고 할 때 읽는 책이다.

진리란 무엇인가?
모든 사물은 변한다는 사실이
아직까지 내가 찾아낸 유일한 진리다.

어제라는 단어는 내 아들이 쓸 때와 내가 쓸 때,
그리고 내 아버지가 쓸 때와는 분명히 다른 어제다.

수많은 사회 현상 속에서 반드시 발생할 수밖에 없는

불가피한 이상한 현상을 따로 부를 말이 없어
그것을 우연히 '우연' 이라 부르기로 정했다.

'불행' 이 유일하게 좋은 점은
타인에게 행복이 될 수도 있다는 것이다.

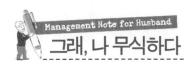

그래, 나 무식하다

나의 할머니는 "내 집 울타리 안에 있는 사람 흉을 울타리 밖으로 가지고 나가면 안 된다."라는 신념을 갖고 사신 분이었다.

할머니는 며느리 둘을 한집에 데리고 살면서 때때로 눈물이 쏙 빠지도록 매섭게 시집살이를 시키면서도 결코 남들 하듯이 빨래터에 앉아 제 며느리 흉을 본 적이 없으셨다.

내가 '저 개새끼.' 하면 남도 '저 개새끼.' 라고 할 거고, 내가 '저 강아지.' 하면 남도 '저 강아지.' 할 거라는 생각이셨다.

부부들이 함께 모이면 그 틈을 타서 복수라도 하듯이 자기 아내의 잘못을 끄집어내 만천하에 알리려는 듯 눈치 없이 제 아내 흉을 보는 사람이 한둘은 꼭 있기 마련이다.

부끄럽고 무안한 그 집 아내는 웃음으로 호기 있게 넘겨버리는 듯하지만, 결국엔 남편에게 무시당함으로써 다른 사람의 무시에도 길들여지고 있음을 느끼지 못할 따름이다.

무엇을 얼마나 잘못했는지 아무 것도 의식 못한 채 생각없이 일찍 잠들어버린 남편을 바라보는 아내의 심정은 어떠하겠는가?

남편들은 자기도 모르는 사이에 결혼과 함께 아내를 무시해도 된다는 허가를 받은 사람처럼 행동하기 시작한다.

그렇게 예의 바르고 다정하던 사람이 어느 날부터 퉁명스럽게 전화를 받는다. 나중에는 그런 것도 모르냐며 잘난 체하는 걸 시작으로 급기야는 "여자가 뭘 안다고 나서길 나서."라는 말을 내뱉는 등 한국 여성인권협회에 고발당할 법한 발언을 하기에 이른다.

아내가 당신을 배우자로 받아들일 수 있었던 것은 당신의 자상함이 마음에 들었기 때문이다.

당신 아내가 현명한 사람인가, 아니면 당신 말대로 무식한 사람인가는 당신 하는 행동에 달렸다.

남편들아! 그래도 아내를 계속 무시하면 나중에는 정말 무식한 소리를 듣게 된다.

"그래! 나 무식하다. 어쩔래! 어쩔래!"

· 제5부 ·

어떻게 살 것인가

Management Note for Your Life

당신의 슬픔과 생각을 어루만져 주는 사람을 정신과 의사라고 부른다. 당신의 머리를 깎아주는 사람을 미용사라고 부른다. 당신의 옷을 세탁해 주며 돈을 받는 사람은 세탁소 주인이다. 당신의 배우자를 골라 주는 사람을 커플 매니저라고 부른다. 이 중에는 전부터 있던 직업도 있고 최근에 생긴 직업도 있다. 이 모든 직업을 다 갖고 있는 사람을 우리는 어머니라 부른다.

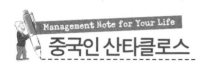

Management Note for Your Life
중국인 산타클로스

몇 해 전 크리스마스 이브,

토이저러스라는 한 장난감 상점에서 있었던 일이다.

루이사…….

이름표에 적혀 있던 그녀의 이름이다.

미국으로 이민 온 멕시코계 새댁으로

아직까지 영어도 서툴고

임신 8개월째로 남산만한 배를 가지고

열심히 계산대에서 일하고 있었다.

가끔 들르는 이곳에서 만난 루이사는

언제나 웃는 얼굴이었고,

부모와 함께 장난감을 사러 오는 아이처럼

즐거운 모습이었다.

돈을 주고받고 거스름돈을 돌려주는 데

198

사용하는 영어는 불편이 없었지만,
전기 자동차의 사용방법이나
장난감 자동권총의 건전지 수명 기간을 물어보면
무슨 말인지 못 알아듣고 빙긋이 웃기만 한다.
마치 그 모습이 흘러내리는 안경을
광대뼈로 막아보려는 듯하여
억지로 끌어올린 양쪽 입술이 우스워
더 이상 묻지도 못하고 함께 웃고 만다.

문 닫을 시간이 거의 다 되었고
시험 전날 벼락 공부하듯 뒤늦게 달려온 부모들이
이런저런 여러 가지 장난감을 들고
계산대 앞에 서서 차례를 기다리고 있었다.

사건은 그때 일어났다.

중국인 부부 한 쌍이 아이들을 셋이나 데리고 와서
그 상점에서 가장 커보이는
300달러짜리 2인용 전기 지프차를
사겠다며 흥정을 시작한 것이다.

"저기 진열되어 있는 지프차를 60달러만 깎아주세요."
중국인 아내가 말했다.

그 상점은 오늘 하루 종일
수만 달러어치의 장난감을 팔았을 것이고
루이사나 기다리는 손님들이나
다들 빨리빨리 계산을 끝내고
크리스마스 이브를 가족과 보내기 위해
집으로 가고 싶었을 뿐이다.
그리고 루이사는 그렇게 깎아줄 권한도 없었고
진열품을 깎아달라는 말이 무슨 말인지
알아듣지 못한 게 분명했다.

"우리 아이들이 이걸 꼭 사고 싶어 합니다.
좀 깎아주세요."
이젠 중국인 남편까지 나서서 조른다.

루이사는 뭔가 영어로 말을 했지만
우리 모두 다 그게
무슨 말인지 알아듣지 못했다.

뒷줄에서 상황을 지켜보던 우리들은,
300달러짜리 장난감을 사려는 사람들이
아이들까지 데리고 와서
남대문마냥 흥정하는 것이 우습기도 하고
결말이 궁금해 지켜서서 구경하고 있었다.
결국, 만삭의 무거운 배를 지탱하기 위해
허리춤에 손을 갖다 대며
루이사가 하려는 말은
옆줄에서 일하던 다른 종업원의 통역으로 전달되었다.

그 뜻은 짐작대로
"저는 깎아드릴 권한이 없고 물건은 모두 정찰제로 팝니다.
원하면 매니저를 불러드리겠습니다."였다.

"그렇게라도 해주세요."
중국인 남편은 물러서지 않았다.

뒤쪽에서 폐점 준비를 하던 매니저는
상황을 전해 듣고 다가와서 정중히 말했다
"저 진열품은 판매용이 아닙니다.
그리고 저희 회사 방침은 모든 상품에

정찰제를 고수하므로 할인해 드릴 수가 없습니다. 손님!"

"그렇지만 바퀴 한쪽이 약간 찌그러졌고 핸들이 벗겨졌더군요.
지금 팔지 않더라도 어차피 팔 것 아닙니까?
아이들이 이렇게 조르는데 그냥 파시지요.
저희가 가진 돈이 딱 240달러밖에 없습니다."
중국인은 물러설 기미를 보이지 않았다.

일을 빨리 끝내고 싶었고
뒤에 기다리는 손님들도 있고
오늘은 매출이 많이 올라 기분이 좋았던 매니저는
한 발 물러서 한숨을 한 번 쉬더니
"그렇게 하시죠."라며 루이사에게
뭐라고 지시하더니 들어가버렸다.

중국인들과 베트남 사람들은
어딜 가더라도 흥정을 해서
가격을 깎는다는 소리를 듣기는 했지만
실제로 현장을 목격한 우리들은
어이없어 하면서도
중국인 부부의 성공을 약간은 못마땅해 하고 있었다.

하지만 좋게 생각하기로 했다.

아마 돈은 모자라고 아이들은

그 지프차를 꼭 사고 싶었겠지…….

중국인 부부의 세 아이들은 신이 났다.

아마 깎아주지 않으면

지프차를 사지 않을 수도 있었다고 생각한 듯하다.

남자 직원들이 묵직한 지프차를 끌어오는 사이,

중국인 아내는 지갑에서 100달러짜리 석 장을 꺼내

루이사에게 지불했다.

"아니! 딱 240달러밖에 없다더니…….”

우리는 어이가 없어 피식 웃고 말았다.

20달러짜리 석 장을 거슬러 받은 중국인 아내는

그 돈을 남자 직원을 도와

장난감 지프차를 끌어내던 남편에게 건네주었다.

그런데 남편은 그 돈을 들고 다시 루이사에게 다가갔다.

"우린 그 동안 이 상점에서 여러 번 당신을 봤습니다.

난 당신이 열심히 일하는 모습을 보며 저희들이

처음 미국으로 이민 와서 보내던 시절이 생각나더군요.

아내가 첫째 아이를 가졌던 크리스마스엔

돈이 없어 굶기도 했거든요.

이 돈으로 남편 분과 근사한 저녁 식사를 즐기시기 바랍니다.

메리 크리스마스~~~~."

옥으로 만든 부처님 목걸이를 한 중국인 산타에게

엉겁결에 60달러란 거금의 팁을 받은 루이사가

알아들은 말이란 메리 크리스마스가 고작이었을 것이다.

그렇지만 그 구두쇠 중국인 부부의 따듯함은

이미 마음으로, 루이사와 우리 모두에게 전해진 후였다.

며칠 전 어느 분의 소개로

유명한 의사 한 분을 만난 적이 있다.

대뜸 날 불러주는 호칭이 "승호 씨."다.

이름자 중에 '승'이라는 글자가 조금은 중성적이다.

그래서인지 승호라는 이름을 별반 좋아하지 않는데도

성을 빼고 "승호 씨."라고 불러주면

그렇게 반가울 수가 없다.

나를 그렇게 부르는 사람은 그 외에도 여럿이다.

처가에 처형 셋이 모두 나를 승호 씨라고 부른다.

예의와 한문을 공부하시는 장인어른은

제부라고 부르라며 처형들에게 한마디 하시지만

벌써 고칠 수 없는 버릇이 되어버렸다.

그 바람에 제부와 처형, 처제 사이보다는

친형제나 친구 같은 사이가 되어버렸다.

그러니 아내 없이 들르는 처가에 묵으면서
느닷없이 방문을 열었다가
옷을 갈아입는 옥희 씨(큰처형)와 마주쳐도
쑥스러움 없이 손뼉을 치고
웃으며 놀리고 나올 수 있고
내 외투 주머니에
영미 씨(셋째 처형) 손을 집어넣고
거리를 배회해도 내외하는 느낌이 없다.

사람 사이에 인연을 맺어가면서
서로를 부르는 호칭에 따라 인연의 정도가 변해간다.
결혼 전 아내는 나의 여동생에게 "희야."라고,
여동생은 아내에게 "언니."라고 서로를 부르다가
아버님의 명령에 따라 '아가씨'와 '새언니'로 호칭을 바꿨다.
한 해가 지나더니 자매처럼 지내던 두 사람은
호칭 그대로 아가씨와 새언니가 되어버렸다.
그렇게 호칭을 지키다 보니,
딸 다섯 집에서 혼자 미국까지 시집와서
외롭게 살고 있는 아내와
외동딸인 여동생이 다시 자매처럼 지내게 되기엔
몇 년이 더 지난 후였다.

나이 사십을 앞에 두고
주책없는 버릇이 하나 생겼다.
좋은 사람을 만나면 다짜고짜
친구하자고 덤비는 일이다.
늦은 나이에 사귄 친구와
마치 어린 시절에 사귄 친구처럼
허물없이 지내는 가장 좋은 방법의 시작은
적절한 호칭이 우선이다.

고등학교 시절 교회에서 만난 오랜 친구는 내게
아직도 존대와 함께 "김승호 형제님."이라는
결코 형제 같지 않은 호칭으로 부른다.
그러니 그 주책없는 버릇 덕에 사귄
동갑내기 현문 씨나
두 살 많은 진구 씨의 아량 덕분에
말끝에 '요'를 빼고 만난 몇 개월의 우정이
더 정이 가는 것이다.
존대하는 친구와는 아무리 오랜 시간이 지나도
거리감을 좁힐 수 없다.
항상 평행선 같은 기찻길 우정일 뿐이다.
이메일 열 번 주고받은 일밖에 없는 진구 씨가

처음 만나는 내게 헤어진 불알친구 대하듯 함은
바로 그 호칭 덕분이다.

아이들 두셋 키우면서 뒤늦게 사귄 친구들로부터
승호야! 승호 씨!라는 호칭을 들으면
등골이 짠해지는 매력이 전해진다.
내 허물을 보여줘도 부끄러움이 없는 것은
그 호칭이 주는 안도감 때문일 것이다.

책 한 권을 내고 보니
느닷없이 여기저기 불려다니면서
뜬금없이 선생님이라는 호칭을 듣게 된다.
예의와 다감함 사이에서
어쩔 수 없는 경우이리라.

'먼저 태어난 이' 라는 의미도 있는 선생이란 호칭을
연배가 있는 분에게 들을 때면 당혹스럽기까지 하다.
더구나 내 회사 직원들도 잘 사용하지 않는 사장님,
심지어 회장님 소리를 들으면 달아나고 싶은 마음이 든다.

어제 이메일을 열어보니

두 아이의 엄마라는 분과

전주에서 고등학교 선생 한다는 남자 분이

"승호 씨에게."라며 메일을 보내왔다.

그 중에 한 분은

"실례인지 모르겠습니다만……." 하고 토를 달아놨다.

실례라니?

무슨 그런 실례의 말씀을…….

나를 그렇게 불러주는 사람들에게서 나오는 사람 냄새가

미처 오지 않은 봄 냄새를 느끼도록 해준다.

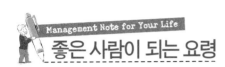
좋은 사람이 되는 요령

사람 좋다는 말을 듣는 것은 참 기분 좋은 일이다.

어떤 사람이 좋은 사람이냐는 문제로 들어가면

간단하지는 않겠지만,

손쉬운 방법으로 좋은 사람이 되는 요령을 적어본다.

껌은 휴지에 싸서 버린다.

별로 어려울 것도 없다.

껌 종이를 버리지 말고 주머니에 잠깐 넣어두었다 쓰면 된다.

친구들과 대화할 때는 추임새를 넣어준다.

뭐라고? 그래서? 응! 근데? 정말? 와!! 등이 있다.

여성용으로는 "어머, 웬일이니?"와

강조용으로 "어머어머어머!"를 반복해 사용하면 된다.

아무거나 마음대로 골라 써라.

대한민국은 민주국가임을 잊지 마시라.

깜빡이를 안 켜고 끼어들어도 욕을 하지 않는다.
그래도 욕이 나오면 다음 주까지 기다렸다가 한다.
생각이 안 나면 잊어버리고 말자.
어차피 우린 깜빡깜빡하는 데 전문가들이지 않은가.

아이들에게 짓궂은 장난을 치지 않는다.
여섯 살 아래 아이들은 장난과 괴롭힘을 구분 못 한다.
남의 집 애들한테도 그랬다가는
그 집 부모도 당신을 싫어한다.

식품점 바닥에 떨어져 있는 상품은 선반에 올려줘라.
군주만 아량을 베푸는 건 아니다.
아니다. 군주만이 아량을 베푸는 거 맞다.
"고객은 왕이다."라는 말도 있지 않은가.

아이와 걸을 때는 천천히 걷고,
여자와 걸을 때는 차도 쪽 길을 당신이 걸어라.
아이 입장에서 행동하고 여성을 보호한다는 것이
그렇게 어려운 일은 아니다.

옆에 누가 있으면 장소에 상관없이

담배를 피우지 않는다.
당신은 내가 씹던 껌을 주면 씹을 수 있는가?
다른 사람도 당신 목구멍에서 나온 연기를 마시고 싶지 않다.

칭찬 좀 많이 해라.
진지한 칭찬은 어떤 선물보다 오래 간다.
5년 전 생일엔 무얼 받았는지 기억이 없지만
20년 전 꼬마 여자애가 내게서 비누 냄새가 난다던
칭찬은 아직도 기억이 난다.

길을 묻거든 자세히 가르쳐줘라.
모르면 아는 체 좀 하지 말고 …….
노량진에서 봉천동 가는 데 시흥에서 안양으로,
과천으로 돌아다닌 생각을 하면 아직도 화가 난다.

방정맞게 다리를 떨지 마라.
그렇게 떨고 싶으면 이 글을 읽던 것을 멈추고
손을 떨어봐라.
지금 당장 해보시라.
바보 같지?
다리 떠는 당신 모습하고 똑같다.

가까운 친구나 친척 집에 갈 때도
가끔씩 과일 상자라도 사 가지고 가라.
은근히 효과가 그만이다.
자주 하면 실없어 보이니 반드시 가끔씩 해야 한다.

지나간 일은 묻어버린다.
이미 한 얘기 또 하는 사람보다 초라한 사람은 없다.
너그러운 사람이란 잊을 건 잊는 사람을 말한다.

친구가 말을 할 때는 잠자코 들어줘라.
당신의 충고가 필요한 것이 아니라
대화를 하고 싶을 뿐이다.

비싼 차와 비싼 옷에 욕심 내지 않는다.
허풍은 자격지심에서 생긴다.
자존심과 허풍을 구분하지 못하면 늙어서 친구가 없다.

잘못 걸려온 전화라도 친절하게 설명해 준다.
같은 사람이 또 잘못 걸어와도 웃으며 받아준다.
세 번째까지도 괜찮다고 편히 말해 준다.
네 번째부터는 당신 마음대로 해라.

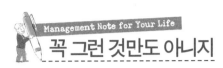

꼭 그런 것만도 아니지

사려 깊으나 어두운 사람이

웃음이 헤프고 걱정을 모르는 사람보다 나을까?

꼭 그런 것만도 아니지 ······.

같은 농담을 두 번 웃어주는 친구보다

점심값, 술값 잘 내는 친구가 나을까?

꼭 그런 것만도 아니지 ······.

공부 잘하고 말 잘 듣는 아들이

연예인 쫓아다니고 새벽에 들어온 딸보다 나을까?

꼭 그런 것만도 아니지 ······.

세상 모르는 게 없는 친구 남편이

아는 거 하나 없는 우리 남편보다 나을까?

꼭 그런 것만도 아니지 ······.

골프채 들고 다니는 옆집 부부가

배드민턴 채 들고 약수터 가는 뒷집 부부보다 더 나을까?

꼭 그런 것만도 아니지 …….

10년 안 입고 안 먹어 집을 산 언니네가

1주일에 한 번씩 외식하며 전세 사는 동생네보다 행복할까?

꼭 그런 것만도 아니지 …….

낮잠 자면 슬쩍 아이들 데리고 나가주는 아내보다

돈 벌어오는 아내가 나을까?

꼭 그런 것만도 아니지 …….

코스모스 꽃밭 주인

그 꽃밭의 주인은 은퇴하기에는 젊은 나이다. 젊어서 돈을 벌어놨는지, 쉰도 안 돼 보이는데 트럭을 타고 다니며 돈 한 푼 안 나오는 꽃밭을 가꾼다.

그의 꽃밭은 휴스턴 도시에서 멀지 않은 고속도로 옆에 붙어 있다. 그 밭은 지평선이 안 보일 정도로 넓어 천 에이커가 넘으니 무려 120만 평이나 되는 세상에서 가장 넓은 꽃밭이다. 그 밭 앞에는 아무런 색도 칠하지 않은 나무 테이블을 몇 개 갖다 놓고 테이블마다 둥근 참통나무를 잘라 만든 의자를 둘씩 놓았다. 가물가물한 지평선 저 끝으로는 통나무집이 하나 있다. 그가 살고 있는 집이다.

고속도로를 접한 이 넓은 밭에는 코스모스만 가득하다. 그는 농사를 짓는 것이 아니다. 씨앗을 파는 일도, 꽃을 팔지도 않는다. 흔히 보는 미국의 코스모스는 무릎 높이 정도 되는 작은 종인 데 비해 이곳의 꽃은 전라도 함평의 국도 변이나 안성의 중앙대 입구에 피어 있

216

던 코스모스처럼 가슴까지 꽃대가 올라온다.

흰색과 노란색, 분홍색과 빨간색 등 여덟 개의 꽃잎을 지닌 코스모스는 바람 부는 대로 하늘거린다. 이 코스모스 꽃밭 안에 들어서면 멀미가 난다. 세상은 다 사라지고 꽃과 나만 남는데, 그 넓은 꽃밭은 마치 바다와 같아 허우적거리다 빠져버릴 듯 장관을 이룬다. 꽃 머리 위로는 잠자리들이 부지런히 날아다니고 꽃 멀미에 취한 녀석들은 사람 손이 닿지 않을 거리에 앉아 날개를 고른다. 내일쯤 봉오리를 터뜨릴 꽃망울들은 물기를 함박 머금어 금방이라도 터져버릴 기세다.

휴스턴으로 고속도로를 타고 들어오는 여행자들은 색색의 꽃으로 가득한 지평선에 말문이 막혀 호텔을 구하는 것도 잊고, 차를 돌려 꽃밭 앞 통나무 의자를 차지하고 앉는다. 흥분한 아이들은 꽃밭 속으로 사라져 흘끗흘끗 머리카락만 보인다. 꽃밭 주인도 아이 부모도 즐겁게 웃는다. 젊은 연인들은 사진기를 들고 와서 꽃밭 주인에게 사진을 찍어달라고 부탁한다.

꽃밭 주인은 두 사람과 꽃뿐 아니라 한쪽 구석에 자기 통나무집도 집어넣는다. 촬영을 마친 연인들은 아이들처럼 코스모스 사이를 걸어들어 간다. 이미 여러 사람이 다녀간 탓에 살펴보면 간간이 길이 나 있다. 어깨를 감싸고 둘이 걷기엔 좁은 길이라서, 남자가 손을 잡고 이끄는 대로 끌려가고 여자는 점점 꽃밭 속에서 작아져 간다. 갑자기 여자와 남자가 코스모스 속으로 내려앉으며 사라지지만 무슨 일이 있었는지 궁금해 하지 않는다. 여자의 얼굴이 꽃밭에서 나왔을 땐 표정이 좀 더 밝아진 것처럼 보일 뿐이다.

이 꽃밭은 입장료도 기념품 가게도, 하다못해 자판기 한 대도 없다. 유일한 수입이라고는 꽃밭 주인이 내년에 쓸 씨앗 값을 보태달라는 사인을 붙여놓은 흰 바구니에 모이는 동전뿐이다. 그나마도 구경꾼들의 마음을 편하게 하기 위해 만든 것인지 구석에다 밀어놓아서 보이지도 않는다. 덮개도 없는 바구니에 '동전 이상의 돈은 사양하오니, 동전이 없는 분은 지폐를 내고 거스름돈을 바꿔가세요.' 라고 써 붙여 놓았다.

꽃밭 주인은 괴짜다. 그는 이웃들에게 감동을 선물하고 싶을 뿐이다. 사람들이 꽃밭을 다녀가고 나서는 꽃에 대해 이야기할 때마다 행복하리라는 것을 알고 있다. 꽃밭을 다녀간 아이들 중에는 평생 그 모습을 지니게 될 어린이도 있을 것이라며 기뻐한다.

그는 끊임없이 몰려오는 구경꾼을 뒤로하고 꽃 바다 끝자락의 통나무집을 향해 낡은 트럭을 몰고 사라져 버린다. 그는 세상에 태어나 누군가에게 더 나은 세상을 남겨주고 간다는 사실에 기쁨을 느끼는 것이다.

아! 이렇게 내 10여 년 후를 상상하다 보니 저절로 눈이 감기며 기분
이 좋아진다.
그런데 아내가 그걸 허락할까?

부자가 벌여놓은 게 많으면
유능하다 말하고,
가난한 자가 벌여놓은 게 많으면
하는 일마다 되는 게 없다고 말한다.

남자가 실수를 하면
저놈은 하는 일이 왜 그 모양이냐며 당사자를 욕하지만,
여자가 실수를 하면 여자라서 할 수 없다며
여자 전체가 욕을 먹는다.

혼자 아이 키우는 아빠를 보면
도망 간 아이 엄마를 욕하고,
혼자 아이 키우는 엄마를 보면
오죽하면 남편이 도망 갔을까 생각한다.

잘난 여자가 예쁜 척하면 욕을 먹지만
잘나지도 못한 여자가 잘난 척하면 더 욕을 먹는다.

남의 아들이 못된 짓을 하고 다니면
원래 품성이 고약하다 말하고
내 아들이 망나니 짓을 하고 다니면
친구를 잘못 만나서 그렇다고 말한다.

3대 거짓말 모음

엄마의 3대 거짓말

한번만 더 그러면 쫓아내 버린다.

어휴, 정말 내가 못 살아.

내가 골백번도 더 얘기했지?

아빠의 3대 거짓말

이번엔 한몫 잡을 거 같아.

업무상 마시는 거야.

여보, 사랑해.

아들의 3대 거짓말

엄마! 게임 30분만 할게요.

내가 거기다 놨는데…….

형이 먼저 그랬어.

친구의 3대 거짓말
금방 도착할 거야, 조금만 기다려.
너한테만 말해 주는 거야.
갚는다니까 글쎄…….

정치가의 3대 거짓말
친애하는 국민 여러분…….
저는 국민 여러분의 편에 서 있습니다.
국민의 요구에 따라…….

교장 선생님의 3대 거짓말
마지막으로…….
설립자의 유훈에 따라…….
존경하는 이사장님!

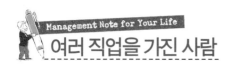
여러 직업을 가진 사람

당신에게 돈을 어떻게 써야 한다고 가르치는 이를
재무 전문가라고 부른다.
당신에게 옷 입는 걸 조언해 주는 사람을
코디네이터라고 부른다.

당신에게 사회생활을 가르치는 사람을
행동전문가라고 부른다.

당신의 슬픔과 생각을 어루만져 주는 사람을
정신과 의사라고 부른다.

당신의 머리를 깎아주는 사람을
미용사라고 부른다.

당신의 옷을 세탁해 주며 돈을 받는 사람은

세탁소 주인이다.

당신의 배우자를 골라주는 사람을
커플 매니저라고 부른다.

이 중에는 전부터 있던 직업도 있고
최근에 생긴 직업도 있다.
이 모든 직업을 다 갖고 있는 사람을
우리는
어머니라 부른다.

道可道 非常道(도가도 비상도)

비록 남자애들만 키우지만 사내아이들을 살갑게 키워서, 다 자라도 엄마와 뽀뽀도 하고 포옹도 하며 장대 같은 아들하고 애인같이 팔짱이라도 끼고 돌아다닐 거라는 아내의 희망은 벌써 징조가 심상치 않다.

어린 막내는 아직 그런 대로 애교도 피우지만 큰놈과 둘째 놈은 아내가 "사랑해."라고 말해도 무덤덤이다.
"어쩜, 어떻게 그런 것도 아빠를 닮았느냐."며 옆에 앉았다가 괜스레 덤으로 욕을 먹는다.

미국 아이들처럼 "아이 러브 유 투 맘."이라는 소리라도 듣고 싶어 한 말이지만 무슨 그런 징그러운 소리를 하냐는 듯한 아들 녀석들의 태도에 실망한 빛이 가득하다.

내 회사 직원 중에는 베니 밀러라는 의젓한 노신사 한 분이 있다. 그는 예순이 넘었는데도 하루에 서너 번씩 아내와 통화하며 "아이 러브 유 허니."로 전화 인사말의 앞뒤를 대신한다.

밀러는 역시나 통화 말미에 "아이 러브 유." 하고는 전화기를 내려놓고 나를 돌아보면서 웃는다.

하루는 무심히 밀러가 전화하는 소리를 듣다가 물었다.

"베니, 당신이 젊었을 때도 미국에선 아내에게 그렇게 사랑한다는 말을 흔히 주고받았나요? 난 아직도 그 사랑한다는 말을 하려면 청혼하는 것처럼 의미가 무거워 쉽게 안 나오네요."

"아니요. 미국도 많이 변해왔죠. 우리 자랄 땐 아버지들이 대부분 권위적이고 위엄이 있었지요. 시대가 지나면서 남자들이 더 가정적이고 다감해지긴 했죠. 물론 50년 전에 '사랑해'라는 말은 지금과 조금 다른 의미의 말이었겠죠?" 하며 내 어깨를 툭툭 치고 얼굴을 찡긋하며 나간다.

그렇다면 지금은 싹수가 벌써 노래 보이는 내 아들들도 결혼할 시기쯤 되면 제 아내들에게 사랑한다는 말을 곧잘 하게 되어 제 엄마 약을 좀 올리겠구나 생각하니 웃음이 나온다.

아내 하는 소릴 들어보면 미국 남자들은 사랑한다는 소리도 잘하고 애정 표현도 잘하는데, 한국 남자들은 어째 그렇게 한결같이 사랑한다는 말 한마디가 인색하냐며 한국 남자들을 묶어서 한 단으로 후려친다.

道可道 非常道 名可名 非常名(도가도 비상도 명가명 비상명)으로 시작하는 노자의 말을 빗대어 이미 사랑한다고 말함은 사랑이 아니라는 위대한 철학으로 막음을 해보지만, 아내는 사랑이라는 거대한 단어 앞에 철학 나부랭이가 설치고 다닐 틈을 아예 주질 않는다.

나의 견해가 옳고 그름을 떠나서 처녀 때 받던 은근한 단어를 매일 서너 번씩 듣고 사는 미국 여자들에 대한 부러움에 약 올라 있는 아내 앞에서 무슨 논리가 필요하겠는가.

어떤 상황이나 현상도 음지와 양지가 있고 추함과 아름다움의 양면을 보인다. 쉬운 사랑은 쉬운 이별을 말하고, 부자는 배부르나 외롭고, 연예인은 호화스러우나 사생활이 없고, 명성을 얻은 자는 근심이 많고, 권력을 가진 자는 종말이 두렵고, 평화를 얻은 자는 가난한 것이며, 대머리는 비듬 걱정이 없고, 목청 큰 사람은 이기기도 잘하지만 싸움 그칠 날이 없는 것과 같은 이치다.

사랑이라는 단어를 쉽게 사용하지 않음도 사랑하는 것의 한 방편으로 생각하는 나는 늙어 허리가 굽더라도 그 말을 쉽게 못 배울 것이다.

흔한 것은 가벼워 보여서인가, 정말 정이 없어서인가? 미국 친구들이 전화 끝낼 때마다 '사랑해.' 하는 말은 '그럼 잘 있어.' 정도로의 의미로만 들린다. 그렇더라도 한번 해보라는 아내의 핀잔에도 차마 입이 떨어지지 않는다.

친구 부부들에게 물어봐도 '사랑해.' 라는 말을 하는 것에 곤욕을 느끼는 것이 나뿐이 아니라 많은 한국 남자들의 동일한 증세인 것을 보면 큰 병은 아닌 듯하다.

내 머리는 무엇인가를 한번 삭제해 버리면 전혀 생각이 나지 않는 특이 체질인 것은 미리 알았지만, 아내 말로는 내가 결혼 초에는 하루에도 몇 번씩 사랑한다고 말했다는데 전혀 기억이 없다.

그런데 가만히 생각해 보면 아내도 나에게 사랑한다는 말을 한 적이 없는 것 같다. 아내 친구들도 그런 것 같은데, 왜 유독 남자들이 욕을 먹는지 이해가 안 된다. 두 사람의 결혼기념일에 아내들만 뭔가를 남편에게 기대하는 것처럼 이것도 공평치 못하다는 생각이 든다.

얼마 전 아내와 백화점에 가서 지하식품 매장 의자에서 쉬는데, 젊은 남자가 금발의 아가씨 옆에 앉아 연신 입을 맞추며 사랑한다고 말하는 모습이 보였다.

아내가 공공장소에서 애정 표현하는 것을 부러워하는 것을 보면 아직도 우리가 젊은 축에 속하나 보다.

"당신도 저렇게 한번 해봐."

아내는 물끄러미 쳐다보는 나를 바라보며 은근히 부추긴다.

"여기서?"

"그래, 왜? 못해?"

아내의 짧은 질문이 이어진다.

"지금? 그래도 될까?"

의외로 내가 느닷없이 진짜 할 수도 있겠다고 생각했는지 비스듬히
앉아 있던 자세를 고쳐 잡는다.

나는 마주앉은 아내의 어깨를 잡고 한번 더 묻는다.

"여보 그런데, 난 저 여자를 잘 알지도 못하는데…… 괜찮을까?"

내 컴퓨터는 집에 있는데요

한인청소년센터라는 협회에서 무료 컴퓨터 교실을 연다는 소리를 듣고 동생들에게 눈치 받으며 배워온 컴퓨터를 이제야말로 제대로 한번 익혀보자는 욕심에 등록을 하러 갔다. 첫날, 강사가 모두를 한 자리에 모아놓고 묻는다.

"인터넷 웹 브라우저로 어떤 걸 쓰시죠?"
"……(침묵)."

"인터넷 할 줄 알아요?"
"……(침묵)."

"인터넷이라는 건 들어봤어요?"
다들 힘차게
"네~~~!"
"CPU라는 말은 들어봤어요?"

"……(다시 침묵)."

안되겠다 싶었는지 강사는 "컴퓨터 켤 줄 아는 분 손들어 보세요."
하고 말한다. 80여 명 모인 가운데 60명 정도가 손을 든다.

"손든 분 중에 컴퓨터 끌 수 있는 분 손들어 보세요."
30여 명이 손을 내린다.
인터넷을 하시는 분이라는 질문엔 두어 명이 손을 내리고 남은 분들
중에서 자기 컴퓨터의 사양을 아는 분 계십니까, 라는 질문엔 네 명
이 살아남았다.

"여기 남으신 분 가운데 엑셀 사용해 보신 분!"

자랑스럽게 손을 들고 보니 혼자다.
쑥스러워 슬그머니 손을 내렸다.
나는 중급반으로 쫓겨났다.
내가 실력이 좋은 건지, 다른 사람들이 실력이 나쁜 건지 중급반에
서도 수업이 싱거워 몇 번 나가다 그만 둔 어느 날, 청소년센터를 운
영하는 목사로부터 전화가 왔다.

"김승호 씨, 기초반 강의 좀 해주세요. 기초반 선생이 새 직장을 얻

어서 계속할 수 없다네요."

'내가 직업이 없어 보였나?'

아무래도 한낮에 아줌마들 사이에서 컴퓨터를 배운다고 기웃거린
게 문제인 듯했다.

어쨌든 그 다음 주부터 일 주일에 하루 두 시간은 내 돈으로 교재를
사고 아침에 녹차 한 잔 얻어먹는 혜택밖에 없는 컴퓨터 기초반 선
생을 하게 된 것이다.

개가 웃을 일이지만 세상엔 가끔 그런 일도 있다.

첫 수업 날이다.

컴퓨터 열 대에 스무 명이 붙어앉아 올망졸망 나를 쳐다본다. 아줌
마 열아홉에 아저씨 한 명으로 이십대가 한 명, 삼십대 네 명, 사십
대 열두 명, 오십대 한 명, 육십대 한 명으로 어쩌면 이렇게 골고루
섞였는지 환상적인 비율이다.

한 명이 모자란다고?

한 명은 할머니 쫓아온 여섯 살짜리 여자 애다.

그 중에 평소 나를 알던 사람들은 '저 친구가 언제 컴퓨터를 배웠
어?' 하는 눈치를 보내고, 중후한 중년 아저씨 한 분은 자기 회사에

선 위엄 있는 사장님 같아 보이는데 낯선 아줌마들 사이에 끼여 무
서움으로 떨고 있는 모습이 불쌍하기까지 하다.

"저는 김승호라고 합니다. 옛날에 영화배우 이름과 같습니다."
사십대 이상 된 분들만 알아듣고 웃는다.

"혹시 수전증 있는 분 계십니까?"
의외의 질문에 다들 어리둥절 주위를 둘러본다.

"없지요? 자, 그럼 손을 드세요! 하늘 높이 번쩍 드세요!"

서로 소개도 안 시키고 느닷없이 손을 들라고 하자, 머뭇머뭇거리면
서도 손을 따라 올린다. 컴퓨터 배우러 온 사람에게 이게 무슨 짓인
가 하는 눈초리가 없는 것도 아니었지만 일단 무시했다.

"박수 한 번 시작!"
짝~~~.
"박수 두 번 시작!"
짜~악~짝.
"짜~악~짝이 아니고 '짝짝' 입니다."
"좀 더 빠르게 짝짝 하세요."

짝짝.

"잘 했어요. 어린이 여러분."

자기가 뭘 배우는지 모르는 학생들은 긴장이 풀어지자 웃으며 신이 나서 짝짝댔다.

"저기 6학년 학생은 좀 더 빨리 짝짝하세요! 너도 할머니랑 같이 해봐."

할머니 한 분이 손녀와 함께 손바닥을 친다.

"여러분, 저는 컴퓨터를 잘 알아서 가르치러 온 사람이 아니라 그냥 모르는 사람 중에서 제일 잘 한다고 해서 이 자리에 온 사람입니다."

"혹시 CPU가 뭐냐?

메가가 무슨 말이냐?

그래픽 카드는 어떤 것이 좋으냐?

이런 걸 물어보실 분은 다른 반으로 가세요.

저, 그런 거 물어보면 안 가르쳐드립니다.

아니, 못 가르쳐드려요.

알아야 가르쳐드리죠."

"저하고 공부하시면 뭐, 그런 건 배우지 못하겠지만 그 대신 아무리 무식한 질문도 하실 수 있답니다. 좋죠?"

"네~~~."
대답 한번 시원하다.

다들 정말 어린이로 돌아간 기분이다.
"여러분이 컴퓨터를 얼마나 알건 모르건 간에, 여기는 쌩초짜부터
가르치는 데니 다들 초등학생이라 생각하세요."

"원래 운전은 남편한테 배우면 이혼합니다.
컴퓨터도 마찬가지입니다.
남편에게 무식하다는 소리 듣고 나면 나중엔
컴퓨터 집어던지는 수도 있습니다."
정말 그런 경험이 있는지 아줌마 두 분이 손뼉을 치며 뒤로 넘어간다.

"요즘 세상은 컴퓨터를 모르면 문맹이나 똑같습니다. 컴퓨터가 그
렇게 어려운 게 아니니 그냥 저만큼만 하시면 됩니다. 저는 학교 다
닐 때 숙제하고 시험이 제일 싫었습니다. 그래서 저는 숙제하고 시
험 같은 거 안 봅니다. 빠지지 말고 나오기만 하세요. 그럼, 저만큼
은 합니다. 아셨죠?"
"네에~~~."
천장 지붕이 터지도록 대답은 시원시원하게 잘 한다.
이제 분위기가 부흥회에 찾아온 신도들 같다고 생각했는지 뒤에서

걱정스럽게 쳐다보던 김 목사는 얼굴 가득히 웃음을 짓는다.

학생들은 그제야 서로 인사도 나누고 편한 자세로 자리를 잡고 내가 무슨 말을 하는지 귀를 기울인다.

"자, 이제 마우스를 손에 잡으세요. 쥐같이 생겼다고 해서 마우스라고 합니다."

"거기 왼쪽이나 오른쪽에 버튼 있죠?

자, 손은 요렇게 놓고 눌러보세요.

아까 손뼉 치던 속도대로 누르면 됩니다."

"먼저 오른쪽 버튼 한 번

짝!

이번엔 두 번

짝짝!

자~~ 그렇게 짝짝 누르는 걸 '클릭' 한다고 합니다.

입으로까지 짝짝 소리 내실 건 없어요.

두 번 누르실 때는 아까 손뼉 칠 때처럼 빠르게 두 번 하세요.

아, 이제 마우스를 옮겨서 화살표를 내 컴퓨터로 가져가세요."

"선생님 내 컴퓨터는 집에 있는데요."

"아뇨. 모니터 화면 위쪽 어디 보세요. 거기 어디 보면 '내컴퓨터' 라고 써 있죠? 그걸 마우스로 눌러보세요."

"한 번 눌러요, 두 번 눌러요?"

"한 번 눌러서 안 되면 두 번 눌러보세요."

엽기적인 질문과 엽기적인 대답은 계속된다.

그렇게 시작한 컴퓨터 기초반은 컴퓨터 끄는 방법을 배우는 데 한 시간, 그림판에서 줄긋기 하는 데 한 시간씩 느림보 수업이었지만, 두 달이 지나갈 무렵엔 인터넷에서 채팅도 하고 신문도 보며 장족의 발전을 이루어갔다.

e메일 주소를 만들어서 서로에게 메일을 보내며 서로 내 것 받았느냐며 즐거워하고 신기해했다.

어느덧 내 메일 박스에는 아줌마 학생들의 팬레터로 쌓여갔다.

두 달 동안 여덟 번의 수업이 끝난 후에도 나에게 컴퓨터를 배우겠다는 아줌마 학생들의 성화에 지친 청소년센터의 김 목사님 간청에 몇 달 더 수업을 해야 했다.

무식한 명강의가 동네에 소문이 나서 매번 수업이 시작될 때마다 학생들이 늘어갔다. 그럭저럭 150여 명이나 내 교실을 거쳐간 듯하다.

요즘도 식당을 가거나 영화를 보러 가거나 아내와 함께 쇼핑을 하러 가면, "어머, 선생님!" 하며 반색하고 달려드는 아줌마들이 한두 명씩은 나타난다.

지금도 내 사무실 책상 위에는 나와 공부했던 아줌마들이 보내준 감사의 내용을 적은 한 장의 카드가 놓여 있다. 나 때문에 젊어졌다는 엉뚱한 소리부터 컴맹 퇴치에 앞장서 주신 것을 감사한다는 정치가 같은 글을 포함해 정성이 가득한 여러 글들이 한 장 카드에 빼곡히 적혀 있다.

CD롬 넣는 곳을 열어서 커피를 올려놓던 부연 씨, 매일 전원 스위치 자리를 몰라 헤매던 미세스 정, 지금도 식당 가면 밥 한 그릇 더 내오는 웨이트리스하는 은숙 씨, 중풍 기가 아직 남아서 클릭할 때마다 애먹었던 작가이신 최 선생님, 나보고 선생님이라는 소리 좀 하지 말라 해도 언제나 어려워하던 윤 할머니, 뜬금없이 내가 목사 하면 잘할 거라는 권 집사 아줌마, 잘난 척하다 진도 못 따라와서 헤매던 누구누구 씨, 내가 옆에만 서면 부끄러워 어쩔 줄 몰라 하던 미세스 임, 인터넷 배우자마자 원빈 사진 찾아내서 바탕 화면에 깔아버린 혜영 씨, 무식한 질문을 잘도 하던 의사 부인 미세스 김, 나를 가끔 목사님이라 부르던 진짜 목사 부인 미세스 김 ……. 다들 지금도 인터넷 잘하고 계실까?

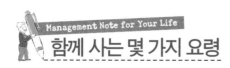
함께 사는 몇 가지 요령

당신 나이가 삼십이 넘었으면 육십 넘은 분들에게는
할머니라고 부르지 말고 아주머니라고 불러라.
그분에겐 스물여덟 먹은 막내아들이 있는데,
당신이 할머니라 부르는 소리를
그 아들이 들으면 얼마나 마음 아프겠는가?

공범자란 밖에서 망을 본 사람이다.
침묵한 당신도 공범자가 될 수 있다.

몸에 매일 독한 향수를 뿌리는 사람은 당장 그만둬라.
당신이 만나는 사람의 절반은 돌아서면 인상을 쓰고 있다.

가슴 작은 아내에게
브래지어는 뭐하러 하느냐고 짓궂게 말하지 마라.
당신 아내가 언제 당신 팬티 입는 것 보고 나무라더냐?

열심히 일하고도 욕 안 먹으면 다행한 세 가지가 있다.
경로당 노인회장과 마을 부녀회장, 그리고
하루 종일 아이 봐준 당신 어머니다.

20대 후반의 여자에겐 나이를 묻지 마라.
여자 나이 스물아홉에서 서른 넘는 데
5년쯤 걸린다.

무료하게 텔레비전 앞에 앉아 있는데, 현관문이 화들짝 열리면서 아내가 다급하게 나오라고 소리친다.

목소리가 심상치 않아 '아들 녀석 중에 하나가 사고라도 당했구나.'라는 생각에 맨발로 뛰어나갔다.

아내가 가리키는 곳에는 이웃집 데이비드 할아버지가 시멘트 바닥에 얼굴을 두고 쓰러져 있었다. 입가에는 피가 흐르고 얼굴은 파랗다 못해 검은색으로 변해가고 있었다. 무슨 이유인지는 몰라도 사십 먹은 아들 월터 씨와 단둘이 사는데, 평소에도 거동이 불안해 보여 아들이 부축해서 다니는 모습을 간혹 볼 수 있었다.

아내에게 아들 월터에게 연락하라고 말하고, 911에도 전화를 부탁하고, 데이비드 할아버지를 돌려 눕혔다. 가슴에 귀를 대보니 호흡도 맥박도 느껴지지 않는다. 아내 연락을 받고 뛰쳐나온 아들 월터와 어렴풋이 주워 배운 대로 인공호흡과 심장 마사지를 시작했다. 1분이 지나고 2분이 지나고 또 몇 분이 지났을지 모를 만큼의 긴장

속에서 가슴을 누르고 입에 호흡을 넣어댔다. 드디어 깊은 호흡 소리와 함께 할아버지의 손이 움직이기 시작했다.

때맞추어 앰뷸런스가 도착해 나는 뒤로 물러앉고 그제야 안도의 한숨을 내쉬었다.

아들이 미는 휠체어에 실려 집으로 들어가는 두 사람의 모습을 다시 본 것은 사나흘이 더 지나서였다.

며칠 밤을 병원에서 함께 보냈는지, 아들도 많이 지쳐 보였다.

그날 저녁 내게 고맙다는 인사를 전하고자 카드와 작은 꽃다발을 들고 우리 집에 들른 월터와 현관 앞에 앉아 이야기를 나눴다.

월터는 자기 아버지가 술 때문에 그러셨다며 한숨을 내쉰다. 평생 술을 즐겨서 가족은 다 흩어지고 비만에 수전증까지 생겼는데도 그만 둘 줄 모르신다며 안타까워했다.

"사람이 참 현명한 것 같으면서도 정말 어리석은 부분이 있는 것 같아요. 어떻게 해야 아버지가 술을 끊도록 할 수 있을지 걱정 됩니다."라며 뒷주머니에서 담배를 꺼내 물며 어버지에게 지친 연민을 내보인다.

"잔기침이 심하시군요. 담배를 많이 피우세요?"

대화 도중에 계속되는 기침 소리가 걱정되어 내가 물었다.

"하루에 두 갑 정도 피우나 ……."

월터는 남 이야기하듯이 말을 받았다.

"아버지는 술에 완전히 중독된 것 같아요. 자신의 생명을 서서히 죽여간다는 걸 알면서도 왜 저렇게 술을 드시는지 모르겠군요."

월터는 담배 한 대를 다시 피워 물더니 터벅터벅 제집으로 돌아갔다.

무시하면 죽음에 이르는 7가지 증세

친구 말을 중간중간 자르는 증세

엘리베이터 문이 안 닫히면 마구 누르는 증세

식당 종업원에게 반말하는 증세

오늘의 운세를 믿는 증세

속옷을 3일째 안 갈아입는 증세

식구들에게 유독 퉁퉁거리는 증세

사람을 만나면 위아래로 훑어보는 증세

내가 죽기 전에 해보고 싶은 일

서로 한번도 본 적은 없지만
이메일을 주고받는 친구가 늦은 답장을 보내왔다.
며칠 동안 야생화를 좋아하는 사람들과 함께
점봉산 끝자락에서 주말을 보내면서
'마주송이풀' 과 '도둑놈의갈고리' 라는 이름을 가진
야생화를 찾아다녔다는 것이다.
여름엔 백두산에까지 가서 노루귀와 두메양귀비를 보려고
친목계를 들었다며 자랑이다.

철물점을 운영한다는 말을 듣기는 했지만 의외였다.
언제부터 그렇게 쫓아다녔는지 물었더니 두어 달 됐다며
자신의 인생 목표 중에 하나라고 설명하는 것이다.
자세히 물어보니 그에겐 죽기 전에 하고 싶은 일
100가지 목록이 있었다.

그 중에 하나는 이름 없는 꽃을 찾아내
자기 아내의 이름 석 자를 넣어주는 것이었다.
아마 지금의 열의로 봐서 올해 안에 '정혜숙남편꽃' 이라는
새로운 꽃이 발견될지도 모른다.
지난번에도 거문도로 스쿠버다이빙을 간다기에
별난 취미가 많구나 생각하긴 했지만
하고 싶은 목록을 가지고 있다는 말에 흥미가 생겼다.
그에게 그 목록을 좀 보자고 부탁했더니
개인적인 것들이 많아서 보여주긴 곤란하다며
나에게도 죽기 전에 하고 싶은 일을
조용히 앉아서 써보라는 충고를 보내왔다.
그렇게 하면 자신이 어떤 사람이며 어떤 일을 하고 싶은지를
사실 그대로 알게 된다는 자신의 경험을 적어 보내왔다.

그래서 나는 철물점 철학자의 권고에 따라
내가 하고 싶은 일을 적기로 했다.

생각보다 여행에 관한 목표가 먼저 떠올랐다.
사랑하는 사람과 함께 낯선 곳에 처음 간다는 것이
인생에서 꼭 해보고 싶은 일 중에
우선적으로 떠오른다는 것에 나 자신도 놀랐다.

가장 먼저 적어 넣은 것은 레저용 차를 빌려
1년 간 이곳저곳을 떠돌아다니며 여행하는 것이었다.
사교적인 아내는 1주일이면 몰라도 1년을 그렇게 다니는 건
거지나 다름없는 생활 아니냐며 질색한다.

아는 사람도 없는 곳을 1년이나 다닐 것이 걱정인 여자와
아는 사람이 없는 곳에서 1년쯤 살고 싶은 남자의 희망이 겹쳐진다.

아들 세 놈과 양 손바닥 크기의 블루몰포나비가 날아다닌다는
코스타리카의 숲속을 쑤시고 다니는 일도 리스트에 적었다.
벌레나 도마뱀 잡는 일이라면 녀석들 모두가 해 지는 줄 모른다.
박제를 하면 한 마리에 10달러나 받을 수 있는 블루몰포나비를
가방 가득히 잡아오는 꿈을 꾼다.

세계 여러 나라를 돌아다니며 전통 재래시장 모습을
사진으로 남기는 것도 정말 하고 싶은 일이다
전통시장은 가장 현실적인 삶의 모습을 지니고 있다.
동서양 여러 나라의 시장 모습을 담은 사진 책을 한 권 만들고 싶다.

배우고 싶은 것도 몇 가지 있다
목공 학원에 등록하여 목공일을 배우고 싶다.

목수이셨던 할아버지의 피가 이제야 동하기 시작하는 것 같다.

술꾼이기도 하셨던 할아버지의 피가

전해지지 않은 것이 천만 다행이다.

무엇인가 내 손으로 만들고 싶다는 욕구는

나이가 들수록 점점 강해진다.

사용하지도 않는 공구들을 쓸데없이 사다 모으는

일도 그래서인지 모른다.

피리 부는 것도 배우고 싶다.

단소는 너무 부드럽고 대금은 너무 점잖다.

피리를 멋지게 불어서 듣는 이를 울릴 수 있는

노래 한 곡을 꼭 배웠으면 좋겠다.

엉뚱한 짓도 몇 개 해보고 싶다.

20미터짜리 아름드리 통 소나무를 100개쯤 쌓아 올려놓고

초대형 캠프파이어를 해보고 싶다.

불을 확 질러버리고 싶은 마음이 드는, 울화병 가진

모든 사람들을 초대해 함께 한다면 더욱 좋을 것 같다.

윤도현을 불러 와서 '불놀이야' 라는 노래를

들을 수 있다면 얼마나 좋을까?

미키마우스나 곰돌이 인형 옷을 뒤집어쓰고
놀이동산에서 한나절 일을 해보는 목표도 있다.
덥고 힘들다는 말이 있지만 지나가는 아가씨들을
아무나 마음껏 안아볼 수 있는 기회란 쉽지 않기 때문이다.
무엇보다도 어린아이처럼 바보 같은 몸짓을 하고 다녀도
남들 눈치를 보거나 창피하지 않을 테니 얼마나 좋은가.

뚱뚱한 사람들을 모아 보컬 그룹을 만들어
매니저 노릇도 한번 해보고 싶다.
뚱뚱한 것을 부끄러워하지 않는 사람보다
여유롭고 인간적인 사람들을 만나보지 못했다.

교통경찰 노릇도 재미있을 것 같다.
나처럼 섬세한(?) 사람이 권력을 가진 느낌을 맛보기엔
그보다 더 좋은 것이 없을 것이다.
딱지를 떼는 척하며 훈계도 멋지게 해보고
위엄도 부리고 선심도 써보고 싶다.
아줌마들의 능청스런 애교도 받아볼 수 있을 것 같다.
그러나 아귀같이 달려드는 사람도 많을 것 같아
딱 하루만 해보았으면 좋겠다.

물감 만드는 공장에 견학을 해보는 것도 적었고
포경선을 타고 수염고래 잡는 장면을 보는 것도 적었다.
철물점 친구 따라 야생화 찾아다니는 동호회에 가입도 하고 싶고
'찔레꽃' 부르는 장사익을 직접 보고 싶다는 소망도 적었다.

내가 죽기 전에 꼭 해보고 싶다는 목표들을 하나하나 들여다보니
스카이다이빙처럼 한 집안의 가장으로선 무책임한 소원도 있고
재즈 댄스처럼 나이를 무시할 수 없는 소원도 들어 있었다.

그러나 내가 적어놓은 목표 중에
가장 쉬우면서도 한편 어려운 것이 하나 있다.
그것은 부모님이 돌아가시기 전에
사랑한다고 직접 말씀을 드리는 것이다.

양반의 가문이라는 자부심을 가진 아버님과
사임당 같은 어머니 사이에서 장남으로 태어나
감정을 드러내지 않는 것이 예의라고 배웠다.
이후에, 나의 행동이나 의식이
변형된 남성 문화의 산물이라는 것을 알게 되었어도
부모님을 포용한다거나 사랑한다고 말을 하는 것은
너무나도 겸연쩍은 일이 되고 말았다.

어려서 하지 않은 일을 나이 들어 하는 것이
얼마나 어색하고 어려운가를 아는 사람이라면
나의 고민이 무엇인지 조금 짐작할 수 있을 것이다.

평생 부엌에 한번 드나든 적이 없던 아버님은
이제는 설거지도 하고 저녁 준비도 하는,
순하고 여유 있는 노인이 되어간다.

시아주버니를 오빠라고 부르는 며느리가 있는 집안을 두고
세상에 경우 없는 사람들이라고 우습게 생각하시던 분이
언젠가는 전 남편과 새 남편을 한자리에 불러놓고
파티를 하는 집안에 놀러 갔다 오시기도 한다.
과장된 권위나 지나친 예절 때문에 잃어버린
가족 사이의 다감함을 점점 즐기시는 것 같다.
그러니 느닷없이 큰아들이 안아주며 사랑한다고 말했다 한들
이제는 그렇게 경박스럽다 탓하지 않을 것 같다는 생각이 든다.

아버지를 무한히 사랑하면서도
입안에서 맴도는 말 한 마디,
내가 죽기 전에 꼭 해보고 싶은 일이지만
부모님이 돌아가시기 전에 해야 할 일이기도 하다.

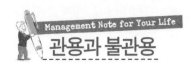
관용과 불관용

아무래도 억울하다는 생각이 든다.
한때 종교 생활을 했지만
요즈음의 종교에 대해 불쾌한 감정을 감출 수가 없다.

그 남자는 나보고 지옥에 갈 것이니
지금 당장 지은 죄를 회개하고 돌아오라는 것이다.
그 말을 하는 남자의 양복 차림은 예의가 아니라
위엄을 갖추기 위해 입은 것 같아 보였고
들고 있는 성경책은 위협을 주기 위한 무기처럼 보였다.
나를 더욱 불쾌하게 만드는 것은,
그들이 끊임없이 나를 죄인이라고 말하는 것이다.

나의 평소 태도로 보아 그들이 말하는 것처럼
내가 죄인이라면 태평스럽게 저녁을 먹고
아이들과 함께 극장이나 어슬렁거리며

주말을 보내지는 않을 것이다.

사회 생활하며 경찰을 두려워해 본 적도 없고

하늘로부터 버림받았다고 절대자를 두려워해 본 적도 없다.

물론 내가 도덕적 · 윤리적으로 아무런 결점을

갖고 있지 않다는 주장을 펼치지는 못한다.

나도 삼겹살이 채 익기 전에 홀랑 집어먹는 친구가 얄밉고

침을 튀겨가며 애국심을 강조하는 위정자들을 경멸한다.

그러나 똑똑지 못한 점원이

거스름돈을 잘못 주면 되돌려주고

남의 잃어버린 지갑이 손에 들어와도

욕심을 부리지 않는다.

지금이야 가치가 많이 떨어졌다 해도 숫총각으로 결혼을 했고

결혼 후에도 집에 컬러텔레비전이 있는데 뭐 하러 밖에 나가서

흑백 텔레비전을 보겠냐며 다른 여자를 접해본 적이 없다.

중학교 때 골목 뒤에서 한번 빨아본 담배가 처음이자 마지막이고

술을 먹고 취해본 적도 없거니와 노름에 빠져본 적도 없다.

내가 비록 성인군자는 아니어도

그런 대로 비난받지 않을 삶을 살아왔다 .

물론 아내 말을 들어봐야 하지만 이만 하면 쓸 만하다 생각했다.

그러나 내가 완벽하지 않음을 알기에,

만약 어려서부터 저지른 모든 게으름과 악행,

부모님과 아내에게 다감을 보이지 못한 죄로 감옥살이를 한다면

아마 잘 해야 2년형 정도 받을지 모르겠다.

진공청소기로 청소 좀 해달라는 부탁을 무시했을 때나

현관에 전구 나간 것을 갈아주지 않아 싸운 것에 대한

아내의 서운함이 생각보다 많았다 해도

길어야 3년형쯤 받을 것이다.

그나마도 어머니가 아내에게

"너의 남편은 어려서부터 전기제품 만지는 데 젬병이었다."라면서

변호라도 해준다면 거의 집행유예로 풀려날 확률이 높다.

그런데도 그들이 말하는 하나님은

나를 영원히 불지옥에 떨어뜨린다는 것이다.

만약 그것이 사실이라면

자애롭고 이성적이며 따뜻한 하나님이

자비심도 합리적인 구원관도 없는 신들을

심판해 주기를 기대할 뿐이다.

협박을 일삼는 신을 가진 현대 종교는

지나치게 죄악을 강조하며

이루지 못할 최고의 선을 지향하며
사람들을 가혹하게 몰아가고 있다.

산이 높으면 골이 깊다 했다.
부자가 될수록 걱정이 늘고
인기가 높아지면 비난도 많아진다.
그러니 위대한 사랑의 종교 이면에
불관용이 숨어 있다 해서 그리 놀랄 이유가 무엇인가?
관용을 베푸는 것이 악과 결탁한다고 믿는 관념은
서양 역사에 엄청난 재난을 가져왔다.
양식 있는 역사학자라면 로마 정부가 기독교를 박해한 것보다
콘스탄티누스 시대로부터 17세기 말까지
기독교인에 의한 기독교인의 박해가
훨씬 더 혹독했음을 인정할 것이다.

이젠 하나님이 좀 더 양보하실 때가 되지 않았나 생각한다.
우리에게는 정의만을 주장하는 아모스보다는
온화한 시인이었던 호세아 같은 예언자를
더 많이 보내주시길 기대한다.

지옥에 간다는 말에 억울해서 한마디 적었지만,

그러나 솔직히 말하자면 내가 지옥에 간다 해도
사실 별로 걱정이 되지는 않는다.
왜냐하면 내 친구들 대부분을
다 거기서 만나게 될 것 같기 때문이다.
친구들 하나 없이 영원히 찬송이나 부르고 앉아 있기엔
천국이 너무 지루할 것 같기도 하고…….
그래도 아직 겁 많은 내 친구들을 위해 관용을 기대해 본다.

버리자니 아깝고 두자니 귀찮고

어제 박람회장에 왔다갔다 하다 보니
뒷주머니에 있어야 할 지갑이 보이질 않는다.
정말 잊어버렸나 하는 생각에 잠깐 놀라며
그 지갑 안에 무엇이 들어 있었나 생각해 보았다.
카드 한 장과 운전면허증을 제외하곤 별 기억이 나질 않는다.
집에 전화하니 바지 갈아입으면서 두고 왔다는
아내의 말에 안심하면서도
느닷없이 도대체 그 지갑 안에 무엇이 들어 있었는데
그렇게 항상 뒷주머니가 두툼했을까 궁금해졌다.

저녁에 돌아와 내 오른쪽 엉덩이에
손바닥 두 장 두께로 혹처럼 붙어다니던 지갑을 열고
그 속에 있는 모든 것을 책상 앞에 펼쳐놓았다.

신용카드 두 장과 몇 가지 회원권이 들어 있다.

258

그 중에 카드 하나를 제외하곤 지난 1년 동안 써본 일이 없다.

왜 그 동안 가지고 다녔는지 모르겠다.

아마 출장 중에 특정 카드를 받지 않는 호텔이나

렌터카 회사 때문에 넣어두었으리라.

그리고 누군지 기억나지도 않은 사람들에게서

받은 명함이 10여 장이다.

무슨 일로 그런 명함들을 버리지 못하고

몇 달씩 지니고 다녔을까?

혹시 연락할 일이 있을지도 모른다는 생각과 남의 명함을

버린다는 것이 어쩐지 예의 없는 행동 같아서였을까?

이곳저곳의 식당 영수증은 세금 환급을 위해

필요해서 넣어두었다가 잊었을 것이고

시한이 만료된 자동차 보험증서 한 장과

6개월이 지나도 맞춰보지 않은 복권 한 장은

나의 게으름 외엔 변명이 없다.

그렇지만 플라스틱 이쑤시개와

버거킹 상표가 찍혀 있는 휴지 한 장과

작년에 산 TV의 품질 보증서는 왜 아직 그 안에 있었을까?

결국 운전 면허증과 신용카드 한 장,

그리고 내 명함 몇 장을 제외하고는 전부 서랍 속에 넣어버렸다.

이제 내 지갑은 여성잡지 두께에서
3.5인치 플로피 디스켓 두께 정도로 줄어버렸다.
뒷주머니에 그렇게 비어버린 지갑을 넣어보니
있는 듯 없는 듯 구분이 가지 않는다.
속 썩이던 사랑니를 빼어낸 듯이 시원하기도 하고
어쩐지 내가 무욕을 실현한 근사한 사람이 된 듯한 느낌도 든다.

지갑 하나에서만도 그렇게 불필요한 것이 많은데
집안을 뒤져보면 어떨까?

아침에 신문을 가지러 가다 차고를 들여다보았다.
무엇을 만들다 만 목재 조각이나
품질보증 기간이 지나버린 고장 난 스쿠터와
이미 아이들에겐 맞지도 않는 어린이 헬멧과
유아용 카시트, 카펫 조각, 구멍 난 축구공 등등,
버리자니 아깝고 두자니 귀찮은 물건으로 가득이다.
이런 모든 물건들은 사실 지난번 이사할 때,
대부분의 짐을 버리고 오면서도
어떤 이유에서인지 함께 따라온 것이다.

사람이 살아가는 데 버리거나 줄이는 버릇을 배우지 못하면
물건이 사람의 주인이 되고 만다.

어제 아내는 둘째 아들 친구인 롸스라는 아이의 생일 파티에 다녀왔다.
외아들 롸스는 자기 집이 무섭다는 아이다.
그도 그럴 것이 부모와 단 세 명이 사는 롸스 집은
3층엔 테니스 코트가 있고 층층마다 서재와 놀이방,
휴게실, 게임룸이 따로 있는 대저택이다.
말 그대로 집안에서 잊어버려도 찾을 수 없을 정도다.
혹시 집안에 볼링장이나 야구장은 없었나 궁금했다.
세 명의 가족이 살기에는 터무니없는 욕심이라는 생각이 든다.
사람이 살아가는 데 그렇게 많은 소유가 정말 필요한가 생각해 본다.
테레사 수녀는 평생 가방 하나가 전재산이었다는 말이 있다.
사흘 동안 휴가를 가는데도 트렁크가 가득 차는 우리 모습이
조금씩 부끄러워진다.
버리자니 아깝고 두자니 귀찮은 것은
지갑 속이나 차고 속에만 들어 있는 것만은 아니다.

우리들 마음속에도 마찬가지다.
첫사랑에 대한 지나친 동경, 옛것에 대한 무조건적인 애착,
출신지역이나 학맥에 따른 부당한 의리,

변화와 지조를 구분 못하는 어리석음,
다른 사람들의 취향에 대한 몰상식적인 거부감,
배우자에 대한 공개적인 혹평,
균형 감각이 없는 배타적 종교관 등등
우리는 한번쯤 정리하거나 버려야 할 문제들을
해마다 가슴 속에 넣은 채 늙어가는 것이다.

새해가 벌써 2월로 접어들어 중순이 되어간다.
뒷주머니에 지갑을 가볍게 하고 보니,
무엇보다도 뒷주머니가 처지지 않아
엉덩이도 맵시가 나는 듯하다.
혼자 거울로 뒷모습을 보면서
박진영처럼 두 손으로 엉덩이를 훑어 올려보았다.
훨씬 괜찮은 것 같다.

아마 차고 속에 있는 물건들을 다 갖다 버리면
차고가 훨씬 단정하고 차가 들락거리는 데도 편할 것이다.

그렇듯, 마음속에 불필요한 감정이나 편견들도 내다 버리면
훨씬 마음이 단정하고 천국을 들락거리는 데도 편할 것이다.
그도 아니면 최소한 엉덩이처럼 마음도 예뻐지리라 기대한다.

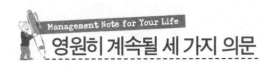

영원히 계속될 세 가지 의문

나는 어디서 왔는가?

나는 누구인가?

나는 어디로 가는가?

《김밥 파는 CEO》 김승호의
자기경영노트

초판 1쇄 발행 2010년 01월 10일
초판 5쇄 발행 2023년 06월 15일

지은이 | 김승호
편집인 | 최현문
발행인 | 이연희
본문디자인 | 정현옥
표지디자인 | 디자인숨
발행처 | 황금사자
출판신고 | 2008년 10월 8일 제300-2008-98호
주소 | 서울시 종로구 백석동길 276(302호, 부암동)
문의전화 | 070-7530-8222
팩스 | 02-391-8221

ⓒ 2010, 김승호
ISBN 978-89-962226-3-7 03320
값12,000원